Bruno Kern

ROSA LUXEMBURG

Ein Leben wider die Barbarei

Für Eveline,
meine große Schwester

Inhalt

»ICH BIN EIN MENSCH MIT SEINEM WIDERSPRUCH«

Rosa Luxemburg kannte und liebte Conrad Ferdinand Meyers Gedichtzyklus *Huttens letzte Tage*. Mit den Versen von *Homo sum* erinnert der Dichter daran, dass es zu unserer unabänderlichen Daseinsverfassung gehört, uns in unserem geschichtlichen Engagement, gerade wenn es den hehrsten humanistischen Ansprüchen genügen will, in Widersprüche zu verwickeln, dass wir den Zwängen der konkreten Zeitumstände ebenso wenig entrinnen können wie unseren eigenen Unzulänglichkeiten. Ohne Zweifel gehört Rosa Luxemburg »zu den interessantesten Persönlichkeiten des 20. Jahrhunderts« (Laschitza 1996, 9). In ihrem politischen Kampf spiegeln sich die ganze Tragödie ihrer Zeit, die in der Urkatastrophe des Ersten Weltkriegs münden sollte, ebenso aber auch die Potenziale an Humanität und Solidarität, um deren Freisetzung es Luxemburg ging. Um sich einer Person zu nähern, die aus der politischen Geschichte Deutschlands und der sozialistischen Bewegung nicht wegzudenken ist, empfiehlt es sich deshalb, genau an den Widersprüchen anzusetzen, die sich in ihrem Lebenskampf zeigen. In dieser Brechung treten nicht nur die Persönlichkeit und die historische Rolle Luxemburgs selbst deutlicher hervor, sondern es offenbaren sich darin vor allem die Dilemmata, Widersprüche, Sackgassen und möglichen Auswege unserer eigenen historischen Situation. Genau darum soll es gehen, wenn wir uns mit Luxemburgs so reichhaltiger Biografie auseinandersetzen. Anhand zentraler Stichworte soll dies hier einleitend geleistet werden, um den Blick zu schärfen für das Verständnis von Luxemburgs Wirken ebenso wie für unsere aktuelle Situation:

Jedes politische Handeln mit systemkritischem Anspruch muss versuchen, das Spannungsverhältnis zwischen *Reform und Revolution* auszuhalten und sich ihm in verantwortlicher Weise zu stellen. Genau um diese

Grundfrage, die die gesamte Geschichte aller »linken« Bewegungen durchzieht und um die bis heute oftmals erbittert gerungen wird, ging es in der ersten großen politischen Auseinandersetzung, die Luxemburg führte, im »Revisionismusstreit«. Sie prägte in diesem Zusammenhang die Formel von der »revolutionären Reformpolitik«, um das Alltagsgeschäft des Ringens um konkrete Verbesserungen auf das Ziel der Überwindung des kapitalistischen Systems selbst zu beziehen. Doch diese Formel will, so sie denn nicht zur Leerformel erstarren soll, jeweils neu in der jeweiligen aktuellen Situation mit konkretem Leben gefüllt werden – eine anspruchsvolle Aufgabe. Luxemburg ging dabei von der Prämisse aus, dass dieses System zwangsläufig seinem eigenen Untergang entgegensteuert, dass es sich »den Schädel zerschmettern« muss. Das war für sie Ausgangspunkt und Maßstab politischen Handelns. Sie wähnte sich darin in treuer Gefolgschaft zu Karl Marx – zu Recht? Karl Marx hat die Selbstwidersprüchlichkeit der Dynamik des Kapitalismus beschrieben und analysiert, hat in aller Schärfe herausgearbeitet, dass diese Ökonomie systematisch ihre eigenen Grundlagen zerstört, sich sozusagen selbst das Wasser abgräbt. Eine »Zusammenbruchstheorie« im engeren Sinne wird man aber in seinem Werk vergeblich suchen. Insofern durfte Eduard Bernstein, Luxemburgs Gegner im Revisionismusstreit, sich wohl mit demselben Recht auf Marx berufen wie Luxemburg. In seinem Hauptwerk, dem *Kapital*, hat Marx – mindestens zwei unterschiedliche, nicht ohne Weiteres aufeinander reduzierbare – Krisentheorien entwickelt (vgl. Marx 2015, 274–293; 302–310), doch die objektiven Tendenzen, die er auszumachen geglaubt hat, sind keineswegs mit einer fatalistischen Mechanik zu verwechseln. Transformatorisches Handeln muss zwar, wenn es nicht voluntaristisch sein will, an diesen objektiven Tendenzen anknüpfen, hat aber eine unaufgebbar subjektive Seite. Das war ohne Zweifel auch Luxemburgs Überzeugung. Der Untergang des Systems ist auch für sie eben keine Fatalität, kein unentrinnbares Schicksal, sondern die Tendenz zu diesem Untergang begründet eine historische Aufgabe. Luxemburg selbst hat später ihre Imperialismustheorie entwickelt und darin auf der Grundlage einer scharfen ökonomischen Analyse gezeigt, warum der Kapitalismus bislang seinem vorgezeichneten Schicksal entgehen konnte, wie es ihm gelungen ist, es hinauszuzögern, und welche Rolle dabei die Politik der Großmächte spielte, die letztlich im Ersten Weltkrieg mündete. Wir wissen heute noch besser als Luxemburg, zu welcher Flexibilität der Kapitalismus fähig ist, um sich selbst zu reproduzieren und am Leben zu erhalten, und ebenso wissen wir, um welch hohen Preis an Menschenleben und Naturzerstörung er dies tut. Die heute wieder – vor allem angesichts der Klimakrise – allenthalben zu hörenden Rufe nach »system change« sind m. E. jedoch bei aller Berechtigung allzu vereinfachend, um unserer Situation gerecht zu werden. Der Systemwechsel bleibt vielfach völlig abstrakt, man erspart sich die Mühe, genauer zu bestimmen, worum es material-inhaltlich letztlich geht. Die Änderung der Eigentumsordnung für sich genommen lässt ja den Klimawandel zunächst völlig unbeeindruckt, und es wird allein dadurch die Emission keines einzigen CO_2-Moleküls verhindert. Die plakative Forderung nach einem Systemwechsel müsste, um glaubwürdig und damit politisch wirksam zu sein, genauer durchbuchstabieren, um welche konkreten Veränderungen es letztlich geht – eine sehr unbequeme Angelegenheit, denn sobald man sich ihr ehrlich stellt, gelangt man zur Einsicht, dass die Forderung nach »system change« so radikal nicht ist, wie sie sich selber dünkt, weil gleichzeitig mit dem Kapitalismus auch der Industrialismus zur Disposition steht (vgl. dazu Kern [2]2019)! Und noch in einer anderen Hinsicht wäre aus heutiger Perspektive gegen Luxemburg eine Lanze zu brechen für ihren Gegner, Eduard Bernstein: Die recht vollmundig vorgetragene Forderung nach

»system change« kann sehr leicht zum Alibi verkommen. Alle Versuche, innerhalb des Bestehenden und mit den eben vorhandenen Instrumenten politische Verbesserungen einzuleiten, können sehr bequem als systemstabilisierender Reformismus diffamiert werden. Spätestens aber, wenn es um die Erhaltung unserer Lebensgrundlagen selbst, also tatsächlich ums Ganze, geht, schlägt eine solche Haltung in Zynismus um. Wir sind dringend darauf angewiesen, sehr rasch jetzt schon andere Weichenstellungen vorzunehmen, wenn wir überhaupt noch Spielräume für politisches Gestalten offenhalten und nicht riskieren wollen, in eine nicht mehr kontrollierbare Dynamik hineinzuschlittern, in der dann im besten Fall nur noch Katastrophen zu verwalten sind – Weichenstellungen, die keinen Aufschub dulden. Der Streit zwischen Luxemburg und Bernstein scheint mir also keineswegs erledigt zu sein.

Jeder Forderung nach Überwindung des Systems selbst stellt sich die Frage nach dem *historischen Subjekt*, nach den konkreten Protagonisten der Veränderung. Diese Frage hat Luxemburg in einer Eindeutigkeit beantwortet, die uns heute nicht mehr möglich ist. Für sie war es das Proletariat, waren es die großen Massen der Arbeiter. Karl Marx begründete bereits in einer seiner frühen Schriften, im *Vorwort zur Kritik der Hegel'schen Rechtsphilosophie* (vgl. Marx 2015, 53–69), warum das Proletariat aufgrund seiner objektiven Situation die entscheidende Kraft der Systemtransformation ist. Die unmittelbaren Interessen dieser Klasse fallen objektiv zusammen mit dem Interesse an der Überwindung des Systems insgesamt. Die Proletarier können sich nur selbst emanzipieren, wenn sie zugleich die Emanzipation der Gesellschaft insgesamt bewirken. Dieser für das 19. und beginnende 20. Jahrhundert sicher zutreffende Befund gilt zumindest für die reichen Industrieländer längst nicht mehr. In unserer historischen Situation werden die entscheidenden Widersprüche des globalen Kapitalismus nicht mehr primär an der Situation der abhängig Beschäftigten bei uns manifest. Für sie gilt ganz und gar nicht mehr, dass sie nichts zu verlieren hätten als ihre Ketten – die sie zum Großteil nicht als solche empfinden. Die meisten von ihnen haben darüber hinaus ihre Reihenhäuser, ihre Zweitwagen und ihre jährlichen Urlaubsflüge zu verlieren. Es hilft nichts, in Arbeiterbewegungsnostalgie zu schwelgen: Die Widersprüche des Kapitalismus werden heute vor allem im globalen Süden in den ausgegrenzten Bevölkerungsmassen, die für das globale System weder als Produzenten noch als Konsumenten interessant sind, und in der rücksichtslosen Ausplünderung der natürlichen Ressourcen manifest. Die abhängig Beschäftigten in den Industrieländern sind – wenn auch in unterschiedlichem Maß und in anderem Maßstab als die Eliten – Profiteure dieser Situation. Die unter dem globalen Kapitalismus am stärksten Leidenden verfügen kaum über Druckpotenzial, das sie zu Subjekten der Veränderung prädestinieren würde, auch wenn hier der Widerstand von indigenen Gemeinschaften, Kleinbauern, lokalen Bevölkerungen, die sich dem sie bedrohenden Extraktivismus widersetzen, keineswegs kleingeredet werden soll. Das heißt: In unserer Situation wäre Gesellschaftstransformation umso stärker als ethische Aufgabe zu denken. Wir sind angewiesen auf eine kritische Masse von Menschen, die bereit sind, gerade gegen ihre unmittelbaren eigenen Interessen zu handeln!

Luxemburg legte in ihrer Hoffnung auf revolutionäre Veränderungen ein geradezu naiv anmutendes Vertrauen auf die *Spontaneität der Massen* an den Tag und wurde darin durch die historische Entwicklung durchaus bestätigt. Sie widersprach damit jedem Avantgardismus und jeder historischen Selbstermächtigung revolutionärer Eliten. In dieser Bestreitung ist ihr ohne Zweifel recht zu geben. Luxemburg macht uns darauf aufmerksam, dass eine tragfähige gesellschaftliche Transformation voraussetzt, die Köpfe und Herzen der Mehrheiten zu gewinnen – so mühsam dieses Unterfangen auch sein mag. Während es geradezu die Grundcharakteristik des Kapitalismus ausmacht, dass er subjektlos funktioniert und seine Dynamik über den Köpfen der Menschen hinweg entfaltet, ist seine Überwindung mit dem Anspruch verbunden, die Betroffenen selbst zu ermächtigen und zu Protagonisten ihres eigenen Geschicks zu machen. In der revolutionären Praxis selbst bilden sich die Subjekte allererst heraus, die zu den Trägern einer neuen, humanen und solidarischen Gesellschaftsordnung werden können. Das wurde in jüngerer Zeit nicht zuletzt innerhalb der lateinamerikanischen Befreiungstheologie im Anschluss an den Pädagogen Paulo Freire unter dem Stichwort *conscientización* neu durchdacht und praktiziert (vgl. Kern 2013, 45–47). Allerdings scheint Luxemburg die Ambivalenz dessen nicht gesehen zu haben, was wir mit dem Begriff »Masse« zu verbinden haben, sie scheint unterschätzt zu haben, wie sehr das Verhalten und die Mentalität der Bevölkerungsmehrheiten beschädigt und systemkonform zugerüstet sind. Bereits zu ihrer Zeit wurde ihr das entgegengehalten, was Gustave Le Bon in seinem berühmten Buch *Psychologie der Massen* über die Eigendynamik der »Massenseele« herausgearbeitet hat. Angesichts der Anfälligkeit von großen Teilen der Bevölkerung für rechtspopulistische Thesen und Einstellungen, gerade in Krisenzeiten, ist unsere eigene Skepsis leider nur allzu berechtigt. Dennoch scheinen der anstrengende Weg der Aufklärung und Selbstaufklärung und die Hoffnung auf die Diffusionsdynamik des – zunächst noch minoritären – exemplarisch gelebten Gegenentwurfs alternativlos zu sein.

Luxemburgs Auffassung von Sozialismus ist nicht zu trennen von ihrem *radikaldemokratischen Anspruch*. Sie behauptet ihn in zwei gegensätzliche Richtungen: Einerseits ist Luxemburg eine entschiedene Gegnerin des Parlamentarismus, weil ihr bewusst ist, dass Demokratie im emphatischen Sinne nicht verwirklicht werden kann, solange die ökonomische Basis den blinden Gesetzen der Kapitalverwertung gehorcht, solange die Menschen in ihrer materiellen Existenz abhängig sind von einer Wirtschaftsordnung, die allen Forderungen nach Partizipation, nach Teilhabe, nach bewusster Entscheidung der Betroffenen, widerstreitet. Sie weiß, dass im Rahmen einer solchen Ökonomie die formaldemokratischen Instanzen gar kein eigenes Gewicht haben, im Wesentlichen nur das nachvollziehen können, was die Sachzwänge des Kapitals als Imperativ vorgeben. In dieser Hinsicht besteht kein grundsätzlicher Unterschied zwischen der damaligen und der heutigen Situation. Die Redeweise von der »marktkonformen Demokratie« ist entlarvend genug. Luxemburg verweigert jede parlamentarische Zusammenarbeit mit genau den bürgerlichen Kräften – und das sind ihrer Auffassung nach alle außer der SPD –, die gar kein Interesse an der Durchsetzung materialer Demokratie haben, welche die Sphäre der Lebenschancen der Menschen selbst betrifft. Auf dem Boden des Kapitalismus kann Demokratie nie und nimmer gedeihen. Die Kehrseite dessen aber ist – und das schreibt sie Lenin und den Bolschewiki ins Stammbuch –, dass eine sozialistische Gesellschaftsordnung die bürgerliche Demokratie nicht zu beseitigen hat, sondern dialektisch beerben muss, dass sich Sozialismus gerade als die Erfüllung der Demokratie zu bewähren hat und nicht deren Aufhebung meint, dass echte Partizipation und Teilhabe erst auf dem Boden einer kooperativen Wirtschaftsordnung möglich sind. Und sie macht deutlich, dass dieser demokratische Anspruch auch unter den schwierigsten historischen Umständen nicht zur Disposition stehen darf, weil er eben keine Dreingabe für Schönwetterperioden ist, sondern gerade die Essenz der neuen Gesellschaftsordnung ausmacht. Das kompromisslose Eintreten für die untrennbare Einheit, ja Synonymität von Sozialismus und Demokratie gehört zum wichtigsten Teil ihres Erbes und war für die Regime, die sich selbst sozialistisch nannten, ein bleibender Stachel im Fleisch. Allerdings darf man heute durchaus kritisch fragen, wie konsequent sie selbst diesen Anspruch durchgehalten hat – auch wenn es schwerfällt, die turbulenten Wochen von der Novemberrevolution bis zum Januaraufstand als Maßstab anzulegen. Vor allem aber bleibt Luxemburg konkrete Antworten auf die Frage schuldig, wie denn die politische Sphäre, also die Sphäre der demokratischen Willensbildung, in einer sozialistischen Gesellschaft auszugestalten ist, wie sie institutionalisiert werden kann, welche Formen der demokratischen Einflussnahme ein Höchstmaß an Partizipation sicherstellen, etc. Damit teilt sie ein schwerwiegendes Defizit, das Axel Honneth in seinem klugen Essay *Die Idee des Sozialismus* (vgl. Honneth 2015, vor allem 121 ff) für die sozialistische Bewegung insgesamt konstatiert. Die Konzentration auf die ökonomische Ebene verleitete zur Illusion, dass die Veränderung der ökonomischen Basis das allein Entscheidende sei, demgegenüber die politische Sphäre allzu sehr vernachlässigt wurde.

Unbedingt anzueignen ist heute Luxemburgs *Internationalismus*. Von Beginn ihrer politischen Tätigkeit an kämpft sie gegen bornierte nationalstaatliche Standpunkte. Vor allem aber gelingt es ihr in ihrem Hauptwerk, den Kapitalismus in seiner globalen Dimension zu denken und die imperialistische Durchdringung des Globus nicht einfach auf willkürliche politische Entscheidungen zurückzuführen, sondern aus der inneren Notwendigkeit der Gesetzmäßigkeiten der kapitalistischen Ökonomie zu begreifen. In der Menschenverachtung und Grausamkeit des Imperialismus sieht sie die notwendige Kehrseite der ökonomischen Basis der Kolonialmächte. Aus eben dieser Perspektive wäre das, was wir heute eigentümlich verschleiernd »Globalisierung« nennen, aus der Wachstumslogik des Kapitals selbst zu begreifen, die eine Kapitalakkumulation auf immer höherer Stufenleiter und damit immer größere »freie« Märkte erfordert. Nicht einzelne, politisch einzudämmende »Auswüchse« der Globalisierung, sondern die treibende Kraft selbst dieser

Art von Weltmarktintegration wäre politisch zu thematisieren, die heute vor allem ein ökologisches Desaster bewirkt. Eine Parallele zu unserer Gegenwart ist auch, dass die Vertreter der Arbeiterschaft selbst den Imperialismus im Interesse ihrer eigenen Klientel verteidigten und affirmierten. So etwa stellt der Sozialdemokrat August Winnig während des Krieges fest:

Nicht der Kapitalismus war die treibende Kraft unseres Drängens zu den Weltmärkten, sondern der deutsche Arbeiter. Nicht der deutsche Materialismus war der Urheber der politischen Spannung, die sich jetzt im Krieg entlud, sondern die 20 Millionen Deutsche, die von der Arbeit ihrer Hände leben mussten. (zit. bei Kurz 1999, 359)

Luxemburg hat diese Mentalität treffend als »Sozialimperialismus« bezeichnet – ähnlich wie Lenin übrigens, der von »Sozialchauvinismus« sprach. Gemeint ist damit: Das Proletariat in den imperialistischen Ländern selbst ist nicht einfach Opfer, sondern im Sinne einer als rechtmäßig empfundenen sozialen Besserstellung, die auf nichts als Ausbeutung anderer Länder beruht, Komplize. Heutige Sozialwissenschaftler sprechen von der »imperialen Lebensweise« (Brand / Wissen 2017) und weisen mit diesem Begriff darauf hin, dass in den reichen Industrieländern auch die unteren Schichten eingebunden sind in ein internationales Ausplünderungsregime, von dem sie profitieren und das ihre eigene relativ schwächere soziale Position um ein Mehrfaches überkompensiert. Sie stehen jedenfalls nicht auf der Seite der globalen Bevölkerungsmehrheiten, die zu den Opfern dieses weltweiten Ausplünderungsprozesses gehören. Ihr objektives Interesse bindet sie ein in ein System, das die natürlichen Lebensgrundlagen ebenso zerstört wie die unmittelbaren Lebenschancen großer Bevölkerungsteile auf diesem Globus.

Luxemburgs Imperialismustheorie stieß nach der Veröffentlichung innerhalb der Sozialdemokratie auf weitgehende Ablehnung. Erst ab den 1970er-Jahren wurde sie vonseiten kritischer Wirtschafts- und Sozialwissenschaftler stark rezipiert und zu einer wichtigen Inspirationsquelle der sogenannten Dependenztheorie (vgl. dazu Luxemburg 2018, 68–70), die die Unterentwicklung nicht als ein retardiertes Stadium, sondern als die notwendige Kehrseite der »Entwicklung« der Länder der Ersten Welt begriff. Was allerdings verwundert, ist, dass sich Luxemburg zu ihrer Zeit gegen die Unterstützung von Befreiungskämpfen der kolonisierten Länder selbst aussprach. Vermutlich setzte sie diese vorschnell gleich mit den Bestrebungen um nationalstaatliche Eigenständigkeit in Europa.

Kaum etwas könnte von aktuellerer Bedeutung sein als Luxemburgs unermüdlicher, verzweifelter *Kampf gegen den Krieg*. Bis zuletzt hegte sie die Hoffnung, dass der entschlossene Widerstand des europäischen Proletariats die Katastrophe verhindern könne. Luxemburg hatte ein geschärftes Bewusstsein dafür, dass der bevorstehende Krieg eine völlig andere Qualität haben würde als alles bisher Bekannte. Sie konnte deshalb dazu kein taktisches Verhältnis entwickeln, konnte ihn auch nicht, wie so manche ihrer Genossen, im Sinne »marxistischer« Dogmatik relativieren oder ihn zynisch als revolutionäre Chance begreifen. Der Krieg, in dem die Grausamkeit der Imperialmächte letztlich auf diese selbst zurückfiel, war für sie schlicht der Untergang jeglicher Zivilisation, das Versinken in die Barbarei. Hier verbietet sich jedes taktische Verhältnis, verbietet sich jede Relativierung. Interessanterweise hatte bereits Friedrich Engels, ein begeisterter Militärstratege, der oftmals äußerst zynisch über den notwendigen Untergang »geschichtsloser« Völker im Namen des Fortschritts der Zivilisation sprach, diese völlig neue Dimension von Krieg ebenso erkannt wie Luxemburg:

Acht bis zehn Millionen Soldaten werden sich untereinander abwürgen und dabei ganz Europa so kahlfressen wie noch nie ein Heuschreckenschwarm. Die Verwüstungen des Dreißigjährigen Krieges zusammengedrängt in drei bis vier Jahre und über den ganzen Kontinent verbreitet; Hungersnot, Seuchen, allgemeine, durch akute Not hervorgerufene Verwilderung der Heere wie der Volksmassen […] (MEW 21, 350–351)

Luxemburg hatte sicher recht mit der Einschätzung, dass der einzige politische Faktor von Gewicht, der die Katastrophe hätte verhindern können, das europäische Proletariat und seine Organisationen, die sozialdemokratischen Parteien und die Gewerkschaften, in Deutschland, im Habsburgerreich und in Frankreich zumal, gewesen wären. Und sie hatte sicher recht mit ihrer Analyse, die den Krieg aus der aktuellen Phase der Kapitalverwertung begriff. Was aber befremdet, ist, mit welcher Vehemenz sie diplomatische Bemühungen um den Frieden ablehnte, die den kapitalistischen Nährboden des Kriegs nicht infrage stellten, dass sie für pazifistische Bestrebungen aus dem »bürgerlichen« Lager nur Spott und Häme übrighatte. Wäre nicht gerade angesichts der ganz neuen Dimension der Gefahr, die sie scharf erkannte, der Schulterschluss mit allen bürgerlichen Kräften, eine breite Antikriegskoalition, vonnöten gewesen? Muss man nicht, wenn es ums Ganze geht, zuweilen den »Pakt mit dem Teufel« eingehen? Luxemburg ist hier möglicherweise Opfer ihres eigenen »Lager-Denkens« geworden, das den anderen gerade der Chance der Lernfähigkeit beraubt.

Vollends unverständlich erscheint mir vor dem Hintergrund der grundsätzlichen Kriegsgegnerschaft Luxemburgs ihre kritische Haltung zum Frieden von Brest. Im Gegensatz zum Pragmatiker der Macht, Lenin, dem es um die Stabilität der revolutionären Regierung ging und der erhebliche territoriale Verluste in Kauf nahm (die er in der Erwartung der proletarischen Weltrevolution ohnehin für unerheblich hielt), empfand Luxemburg den Frieden von Brest – wie viele Bolschewiki übrigens auch –

als Verrat an der proletarischen Sache. Und im Gegensatz zu etlichen ihrer sozialdemokratischen Genossen (wie etwa ihrem einstigen »revisionistischen« Gegner Kurt Eisner) hat sich Luxemburg – bei allem konsequenten Antimilitarismus – offensichtlich nie zu einem grundsätzlichen Pazifismus durchgerungen. Sie scheint bis zuletzt an der damals bereits völlig anachronistischen Vorstellung einer Volksmiliz anstelle von stehenden Heeren festgehalten zu haben. An dieser Stelle müssen wir im Geist Luxemburgs über sie hinausdenken. Luxemburg war konfrontiert mit dem ersten Krieg unter dem Vorzeichen der Industrialisierung, gekennzeichnet durch eine schier unglaubliche Vernichtungsmaschinerie, eine Materialschlacht, die alles, was bisher an Kriegen bekannt war, allein aufgrund der Potenz technischer Kriegsmittel einschließlich chemischer Kampfstoffe, in den Schatten stellte. Wir hingegen haben es mit einer Kriegsgefahr unter dem Vorzeichen der Deindustrialisierung, des offensichtlichen Niedergangs unserer Industriegesellschaften aufgrund des Wegbrechens natürlicher Ressourcen und der Erschöpfung der Tragfähigkeit unserer Ökosysteme zu tun. Auf die Sicherheitsprobleme, die sich daraus ergeben, weisen uns ironischerweise gerade die Militärs selbst hin (vgl. Kern [2]2019, 46). Die Pläne für kommende Ressourcenkriege sind keine Fantasterei von Verschwörungstheoretikern, sie werden tatsächlich von Militärstrategen ausgearbeitet (vgl. Zumach [2]2005). Es ist an Absurdität wahrscheinlich nicht zu überbieten, dass wir uns mithilfe einer unglaublichen Ressourcenverschwendung auf Kriege um knappe Ressourcen vorbereiten. Angesichts der technischen Entwicklung der Destruktivkräfte auch unterhalb der Schwelle von Massenvernichtungswaffen darf Krieg heute gar keine Option mehr sein, auch nicht als »ultima ratio«. Luxemburg hat hier eigentlich den entscheidenden Hinweis gegeben. In ihrer Verteidigungsrede vor der Frankfurter Strafkammer macht sie deutlich, dass gegen den Willen der

Bevölkerungsmehrheit kein Krieg zu führen ist. Genau daran setzt das in den frühen 1980er-Jahren entwickelte Konzept der »sozialen Verteidigung« als Alternative zur militärischen Verteidigung an: Es geht davon aus, dass ein Aggressor nur dann wirklich erfolgreich ist, wenn er nicht einfach ein Territorium, sondern die betreffende Bevölkerung kontrolliert. Die effektive und angemessene Antwort auf einen Aggressor ist deshalb nicht bewaffnete Abwehr, sondern Weigerung der Bevölkerung, sich ihm zu unterwerfen, die in vielfachen Formen des zivilen Ungehorsams zum Ausdruck kommt (vgl. Ebert 1981). Dies wäre die konsequente Aktualisierung von Luxemburgs Antimilitarismus.

Luxemburg, von den Gegnern als »blutige Rosa« diffamiert, hatte allerdings einen *Abscheu vor jeglicher Art von Gewalt* – auch der Gewalt als Mittel des revolutionären Kampfes. Das lässt sich in ihren Schriften und Äußerungen von Anfang an bis hin zu einem ihrer letzten Texte, der Programmschrift für den Spartakusbund (s. weiter unten, S. 107–110), nachvollziehen. Sie meint sogar eine geschichtliche Tendenz zu erkennen, derzufolge auch die Kämpfe um eine gesellschaftliche Transformation im Lauf der Zeit immer zivilisiertere, gewaltfreiere Formen annehmen. Die blutigen Barrikadenkämpfe früherer Revolutionen weichen nun dem vornehmlichen Kampfmittel des Massenstreiks. Bei aller revolutionären Begeisterung warnt sie vor sinnlosem Blutvergießen angesichts klarer Kräfteverhältnisse. Der »rote Terror« Lenins, dem jedes Mittel recht war, wenn es dem Machterhalt diente, erfüllte Luxemburg mit blankem Entsetzen. Natürlich ist jede Gewaltdebatte von vornherein irregeleitet, wenn sie die strukturelle Gewalt des Systems ausblendet und damit jegliche Gegenwehr von unten delegitimiert. Doch aufgrund unserer geschichtlichen Erfahrung wissen wir heute genauer als Luxemburg Bescheid über die schrecklichen Sackgassen blutiger Befreiungskämpfe und darüber, dass sich das Ziel einer humanen, solidarischen Gesellschaft in den Kampfmitteln selbst widerspiegeln muss. Im Geiste Luxemburgs wäre deshalb auch heute der zivile Ungehorsam, die gezielte Regelübertretung unter Einsatz der eigenen Person, gegen alle pubertären Gewaltfantasien als das aussichtsreichste Mittel, den nötigen Druck für Veränderungen auszuüben, zu propagieren.

Ambivalent war Luxemburg auch, was das Verhältnis von kritischer, *schöpferischer Aneignung* des Marxismus und dem Beharren auf *dogmatischen Voraussetzungen* betrifft. Es ist erstaunlich: Gerade sie, die sich als die treueste Erbin von Karl Marx versteht und gegenüber ihren Gegnern immer wieder den Anspruch erhebt, einen authentischen Marxismus zu vertreten, denkt kühn über Marx hinaus, löst in eigenständiger Aneignung seiner ökonomischen Theorie ein Problem, an dem er selbst scheiterte, und denkt ihn so in schöpferischer Weise und auf der Höhe ihrer Zeit weiter (s. weiter unten, S. 69–71). In diesem Sinne spricht sie in dem Kapitel, das sie zu Franz Mehrings Marx-Biografie beisteuert, davon, dass die Marx'schen Texte gerade nicht sakrosankt wie die Bibel sind, die zeitlose, immer gültige Wahrheiten enthalten, sondern eine Quelle für das eigene Forschen und Ringen um die gültige Zeitdiagnose (vgl. weiter unten, S. 67). Die Hüter der wahren Lehre in der eigenen Partei gibt sie ihrem beißenden Spott preis: »[…] unser herrschender ›Marxismus‹ fürchtet leider jeden Gedankenluftzug wie ein alter Gichtonkel […]« (GB 4, 264) Und in ihrer Antwort auf die Kritik an ihrem Hauptwerk, *Die Akkumulation des Kapitals*, formuliert sie noch einmal unnachahmlich ihr Verhältnis zu eben der Tradition, aus der heraus sie selbst denkt und handelt:

Wehleidige Gemüter werden wieder beklagen, dass »Marxisten untereinander streiten«, dass bewährte »Autoritäten« angefochten werden. Aber Marxismus ist nicht ein Dutzend Personen, die einander das Recht der »Sachverständigkeit« ausstellen und vor denen die Masse der gläubi-

gen Moslems in blindem Vertrauen zu ersterben hat. Marxismus ist eine revolutionäre Weltanschauung, die stets nach neuen Erkenntnissen ringen muss, die nichts so verabscheut wie das Erstarren in einmal gültigen Formen, die am besten im geistigen Waffengeklirr der Selbstkritik und im geschichtlichen Blitz und Donner ihre lebendige Kraft bewährt. (GW 5, 523)

Welch ein erfrischender Kontrast zu den orthodoxen Marxisten aller Richtungen bis heute, die wie die konservativsten Kreise der katholischen Kirche apologetisch ihre Kirchenlehrer verteidigen und damit zu irrelevanten Sekten verkommen! Allerdings: Offensichtlich entwickelte Luxemburg diese Einstellung ausschließlich auf ihrem ureigenen Gebiet, der Ökonomie. Hier, wo sie selbst über außerordentliche Kompetenz verfügte, beharrte sie auf der Eigenständigkeit des Denkens. Für andere Aspekte der marxistischen Tradition scheint dies weniger gegolten zu haben. Luxemburg fühlte sich offensichtlich auf dem Gebiet der Philosophie, der Erkenntnistheorie usw. nicht zu Hause. Jedenfalls ist hier nichts von ihr überliefert, was wirklich von Bedeutung wäre. Und so übernahm sie offenbar ziemlich kritiklos Engels' Versuch, aus Marx' kritischer Gesellschaftstheorie wiederum eine – aus heutiger Sicht ziemlich krude – Weltanschauung zu machen und eine »materialistische Dialektik« zu propagieren, die das kritische Nachdenken über Ökonomie und Gesellschaft wiederum an eine weltanschauliche Sondertradition bindet, anstatt sie der Bewährungsprobe eines kritischen Diskurses auszusetzen (vgl. ausführlicher dazu meinen Kommentar in Engels 2020, 91–98).

Und unübersehbar in vielen ihrer Äußerungen schimmert ein bedenklicher *Geschichtsdeterminismus* durch, der das erhoffte Ziel einer sozialistischen Gesellschaft als das notwendige Ergebnis der Geschichtslogik selbst begreift. Ist das nicht das genaue Spiegelbild heutiger neoliberaler Apologeten, die wie Francis Fukuyama bereits das »Ende der Geschichte« verkündet haben, weil sie die kapitalistische Gesellschaft implizit als das höchste Stadium einer natürlich sich vollziehenden Menschheitsentwicklung verstehen? Haben wir dagegen nicht – gegen links und rechts gleichermaßen – die Kontingenz geschichtlicher Prozesse herauszustellen? Wenn man für sich eine wie immer geartete Geschichtslogik selbst in Anspruch nimmt, so ist das formal letztlich dieselbe Denkstruktur wie ein religiöser Fundamentalismus. Angesichts der Gewähr eines metaphysischen Geschichtsprinzips lässt sich letztlich alles rechtfertigen bzw. umgekehrt alles relativieren. Man versteht sich ja selbst nur als das Vollstreckungsorgan eines vorgeblichen göttlichen Willens bzw. eines mit innerer Notwendigkeit ablaufenden Geschichtsprozesses. Wohlgemerkt: So weit ist Luxemburg explizit nicht gegangen. Aber ihr revolutionärer Optimismus grenzt in manchen ihrer Äußerungen gefährlich an eine solche Auffassung.

Auffallend ist auch ein anderes sich durchhaltendes Defizit: Die so scharfsinnige, an Marx geschulte Analytikerin ökonomischer und gesellschaftlicher Strukturen war offensichtlich nicht imstande, ihre Analyseinstrumente auf die eigene Partei, auf den konservativen Gewerkschaftsapparat, auf die Kräfte der Beharrung in der Arbeiterbewegung selbst anzuwenden. Den oftmals erbitterten Streit mit ihren Genossen hat sie offensichtlich nur auf der subjektiven Ebene geführt. Die direkte Auseinandersetzung mit Protagonisten des gegnerischen Lagers innerhalb der eigenen Partei und der Arbeiterbewegung insgesamt hat sie blind gemacht für die strukturellen Ursachen. Vorschnell machte sie subjektive Charakterschwächen (Feigheit etc.), einzelne Fehlentscheidungen und intellektuelle Unzulänglichkeiten verantwortlich für bestimmte Positionierungen, ohne anscheinend genauer nachzudenken über die strukturellen Bedingtheiten, über die materielle Abhängigkeit von Amts- und Mandatsträgern bzw. Berufsfunktionären und über die innerparteilichen Bürokratisierungstendenzen. Umso erstaunlicher ist dies, als eine strukturelle Analyse der Dynamik des Parteilebens durchaus in den Möglichkeiten der Zeit lag und von anderen geleistet wurde (vgl. Abraham 1989, 107).

Eine der herausragenden Seiten von Luxemburgs Persönlichkeit hatte zu ihrer Zeit politisch gar keine Bedeutung, ist aber für uns heute von außerordentlicher Aktualität: Vor allem die Briefe aus Luxemburgs Gefängnishaft in Wronke und Breslau enthalten Zeugnisse einer *Empathie für alles Lebendige*, einer Solidarität mit allem, was das Netz des Lebens ausmacht, dem wir selbst »mit Herz und Blut und Hirn«, wie Engels es ausdrückte, angehören. In bewegender Weise schildert sie die Rettung eines Pfauenauges und einer Wespe, voller Genugtuung erzählt sie davon, wie sie einer fast erfrorenen Hummel wieder Leben eingehaucht hat, und bekannt wurde ihr berühmter *Büffelbrief* an Sonja Liebknecht, in dem sie die Qual eines mit dem Peitschenstiel blutig geschlagenen Ochsen schildert (vgl. Luxemburg 2018, 163–178). Luxemburg hat dieses Empfinden nie theoretisch auf den Begriff gebracht, aber ohne Zweifel wäre sie, hätte sie dies getan, eine der hervorragenden Vertreterinnen einer biozentrischen Ethik, für die die Leidempfindlichkeit das entscheidende Kriterium ist, einer Ethik der Ehrfurcht vor dem Leben im Sinne eines Albert Schweitzer. Konnte diese Seite ihrer Persönlichkeit früher noch, gerade von »Linken«, als romantische Gefühlsduselei abgetan werden, so ist uns heute die politische Brisanz einer solchen Grundeinstellung durchaus bewusst. Kein Zweifel, wo Luxemburg heute im Ringen um die Erhaltung unserer natürlichen Lebensgrundlagen stünde. Auch und gerade diese ihre »unpolitische« Seite ist einer der wertvollsten Bestandteile ihres unaufgebbaren Erbes.

Rosa Luxemburg,
Porträt um 1915

HINAUS IN DIE FREIHEIT

Ich möchte alle Leiden,
alle verborgenen, bitteren Tränen
den Satten auf ihr Gewissen laden [...]

Diese Zeilen sind Bestandteil eines Gedichts, das uns von der jungen Gymnasiastin Rosa Luxemburg überliefert ist (zit. nach Laschitza 1996, 26), und können als die prägnante Zusammenfassung dessen gelten, was ihrem Leben und Kämpfen die Motivation verlieh. Die Empfindsamkeit für das Leid anderer, einschließlich der außermenschlichen Kreatur, ist ein deutlicher, wenn nicht gar der bestimmende Grundzug ihrer Persönlichkeit.

Als Rozalia Luksenburg wird sie am 5. März 1871 als jüngstes von fünf Kindern des Ehepaars Elijasz (Edward) und Lina Luksenburg, geb. Loewenstein, in Zamość geboren. Dieses Städtchen gehörte zum Königreich Polen, das seit dem Wiener Kongress 1815 unter der Herrschaft des russischen Zaren stand und deshalb auch »Kongresspolen« genannt wurde. Der Familienname deutet auf die deutsche Herkunft des Vaters hin. Erst im Lauf des 18. Jahrhunderts waren die Luxemburgs nach Polen eingewandert. Rosa hat später wieder die ursprüngliche Schreibweise des Namens gewählt. Wie Karl Marx hat Rosa sowohl väterlicher- als auch mütterlicherseits eine beachtliche jüdische Ahnenreihe vorzuweisen, und ebenso wie Karl Marx bedeutete ihr diese Herkunft wenig. Rosas Vater war Kaufmann (Holzhändler), verfügte über internationale Kontakte und zählte sich zu den Maskilim, also den Anhängern der Haskala, der Tradition der jüdischen Aufklärung, als deren Begründer Moses Mendelssohn gilt. Im Gegensatz zu den frommen Chassidim assimilierten sich die Maskilim der nichtjüdischen Gesellschaft und waren durchweg liberal gesinnt. Luxemburg wuchs also in einem bildungsbürgerlichen, weltläufigen und mehrsprachigen Milieu auf. Neben ihrer

Geburtshaus Rosa Luxemburgs in Zamość in der Staszic-Straße. Eine entsprechende Gedenktafel wurde auf Anordnung der PiS-Regierung entfernt.

polnischen Muttersprache wurde in der Familie das – als Amtssprache verpflichtende – Russisch ebenso gepflegt wie das Deutsche. Der jiddische Jargon hingegen wurde eher vermieden.

Bereits 1873 zog die Familie nach Warschau um. Eine verhängnisvolle Fehldiagnose führte zu Luxemburgs lebenslanger Gehbehinderung. Als Fünfjährige musste sie ein ganzes Jahr lang wegen angeblicher Knochentuberkulose im Gips liegen, was dann wohl zu einer Hüftdysplasie und einer entsprechenden Verkürzung des Beins führte.

Gefördert vom Vater und ihren drei älteren Brüdern (zu ihrer Schwester Anna hatte sie ein eher distanziertes Verhältnis, was sie später bereute), zeigte sich bald die außerordentliche intellektuelle Begabung des Mädchens, vor allem ihre Liebe zur Literatur. Tolstoi und Schiller gehörten genauso selbstverständlich zu ihrem Repertoire wie die polnischen Nationaldichter. Das damalige relativ fortschrittliche russische Bildungssystem ermöglichte der jungen Frau den Besuch des Mädchengymnasiums. Obwohl ihr Abschlusszeugnis im Jahr 1887 fast durchweg Bestnoten aufwies, wurde ihr von der Schuldirektion mit dem Hinweis auf ihren oppositionellen Geist die ansonsten übliche Goldmedaille verweigert.

Was hat wohl zu dieser oppositionellen Gesinnung geführt? Die Zeugnisse aus erster Hand über die Jugendjahre sind recht spärlich (vgl. vor allem GB 2, 68 f), doch können wir uns aus dem Zeitkontext einiges erschließen. Dass die junge Frau schon sehr früh ein scharfes politisches Bewusstsein entwickelte, hing sicher mit den Repressionen des russischen Regimes zusammen, das sich nicht nur im Verbot der polnischen Sprache äußerte (die an den polnischen Schulen nur als Fremdsprache gelehrt werden durfte, oftmals von Lehrern, die das Polnische schlechter beherrschten als ihre Schüler), sondern unter anderem an der brutalen Anwendung der Todesstrafe offenkundig wurde. Von den Exekutionen von russischen Militärangehörigen etwa hat die junge Luxemburg mit Sicherheit Kenntnis bekommen. Ein anderes Ereignis, das in die Zeit ihrer Warschauer Kindertage fiel, hat sie ohne Zweifel hautnah erlebt: Im Jahr 1881 flammten in Polen allenthalben antijüdische Pogrome auf, die im Dezember auch Warschau erreichten und tagelang die jüdische Bevölkerung in Angst und Schrecken versetzten. Tausende jüdische Wohnhäuser, Geschäfte und etliche Synagogen wurden zerstört. Die russische Armee ließ den katholischen Mob offensichtlich mit Absicht gewähren, bis sie schließlich intervenierte, um die Ordnung wiederherzustellen. Für die zehnjährige Rosa war dies ohne Zweifel ein traumatisches Ereignis. Eigenartigerweise nahm sie später offensichtlich nie Bezug darauf, ja lehnte es sogar ausdrücklich ab, die spezifische Leidens- und Verfolgungsgeschichte des jüdischen Volkes zum

Ausgangspunkt ihres politischen Denkens und Handelns zu nehmen. Im Jahr 1917 schreibt sie aus dem Gefängnis an Mathilde Wurm: »Was willst du mit den spezifischen Judenschmerzen? Mir sind die armen Opfer der Gummiplantagen in Putumayo, die Neger in Afrika, mit deren Körper die Europäer Fangball spielen, ebenso nahe.« (GB 5, 177). Hier wird eine weitere durchgängige Orientierung ihres politischen Denkens deutlich: Luxemburg war ihr Leben lang entschiedene Internationalistin, und es ging ihr immer ums Ganze. Die spezifischen Leiderfahrungen einzelner Gruppen waren ihr keineswegs gleichgültig, doch sie ordnete sie ein in das, was sie als den entscheidenden Grundwiderspruch empfand: in den Klassengegensatz zwischen (Welt-)Proletariat und Bourgeoisie, den es zu überwinden galt und mit dessen Aufhebung auch die anderen Unterdrückungserfahrungen verschwinden würden. So ist es auch zu verstehen, dass Luxemburg der patriarchalischen Unterdrückung der Frau – im Gegensatz zu ihrer engen Freundin Clara Zetkin – kein besonderes Interesse entgegenbrachte. Allein unter dem Gesichtspunkt der Stärkung des Proletariats war es für sie wichtig, etwa für das Frauenwahlrecht zu streiten.

Die junge Gymnasiastin fiel durchaus damals schon durch ihre scharfe Polemik auf. Überliefert ist etwa ein Spottlied anlässlich des Besuchs Kaiser Wilhelms I. im Jahr 1884. In einem Brief aus dieser Zeit an eine Freundin findet sich ein Satz, der ihre später entfaltete Auffassung von einem humanistischen Sozialismus bereits präzise vorwegnimmt: »Mein Ideal ist eine solche Gesellschaftsordnung, in der es mir vergönnt sein wird, alle zu lieben.« (zit. nach Laschitza 1996, 29)

Bald nach ihrer Gymnasialzeit schließt sich Luxemburg der sozialrevolutionären, an Karl Marx orientierten Organisation Proletariat II an, deren Gründer, Marcin Kasprzak, ihr prägender politischer Mentor werden sollte. Der Name dieser Organisation verweist auf ihre

Vorläuferin, die internationale sozialrevolutionäre Partei Proletariat, die erste Partei im Zarenreich, die man als marxistisch bezeichnen könnte. Ein russisches Militärgericht verurteilte im Jahr 1885 vier junge Mitglieder dieser Organisation zum Tod, während ihr Vordenker, Ludwik Waryński, in der Nähe von Petersburg bis zu seinem Tod eine Festungshaft zu verbüßen hatte. Die Empörung über die Vollstreckung der Todesurteile an den vier jungen Leuten war groß – schließlich handelte es sich um die ersten Exekutionen von polnischen Bürgern seit dem Aufstand im Jahr 1863. Kasprzak, ein einfacher Arbeiter (Dachdecker), verstand sich als Schüler von Karl Marx, noch bevor dessen kritische Gesellschaftstheorie zu dem sklerotisierte, was man später »Marxismus« nannte. Der Name der Organisation war bereits Programm: Im Gegensatz etwa zu den russischen Narodniki (»Volksfreunde«), die durch Attentate einer kleinen Schar entschlossener Kämpfer den politischen Umsturz herbeiführen wollten, setzte Kasprzak ganz im Marx'schen Sinne auf das Industrieproletariat als entscheidendes revolutionäres Subjekt und auf die Schaffung einer entsprechenden Massenbasis durch politische Aufklärungsarbeit. Die Diskussions- und Lesezirkel dieser Organisation legten vermutlich den Grundstein für Luxemburgs theoretisches Denken und politisches Handeln.

Im Jahr 1889, demselben Jahr also, da in Paris die Zweite Internationale aus der Taufe gehoben wurde, gelangte Luxemburg auf recht abenteuerliche Weise illegal über die russisch-deutsche (nach einigen Autoren über die russisch-österreichische, das heißt galizische) Grenze. Der Bericht ihres frühen Biografen Paul Frölich, der Luxemburg persönlich gut gekannt hat, ist durchaus glaubwürdig:

Schmuggler sollten Rosa Luxemburg über die russisch-deutsche Grenze führen. Im Grenzort ergaben sich Schwierigkeiten, den Plan durchzuführen. Da griff Kasprzak zu

Universität Zürich. Hier studierte Luxemburg von 1890 bis zu ihrer Promotion im Jahr 1997: Voller Genugtuung schreibt sie: »Ich habe eine sozialistische Dissertation verfasst […]. Das gibt ein Gaudium!« (GB 6, 36)

einer Kriegslist. Er suchte den katholischen Pfarrer des Ortes auf und stellte ihm vor, ein jüdisches Mädchen habe den heißen Wunsch, Christin zu werden, könne dies aber nur im Ausland vollbringen, da ihre Angehörigen sich heftig widersetzten. Rosa Luxemburg ging auf den frommen Betrug mit solchem Geschick ein, dass der Pfarrer die notwendige Hilfe leistete. Auf einem Bauernwagen, im Stroh versteckt, fuhr Rosa Luxemburg über die Grenze, hinaus in die Freiheit. (Frölich 1990, 20)

Der unmittelbare Anlass für die Flucht war wohl eine Verhaftungs- und Verfolgungswelle im Jahr 1888, der etliche Mitglieder des Proletariat II zum Opfer fielen. Darüber hinaus ist es aber sehr wahrscheinlich, dass die junge talentierte Frau von Kasprzak als theoriekundige Führungspersönlichkeit ausersehen war, im Ausland studieren und internationale Kontakte knüpfen sollte.

So gelangte Luxemburg schließlich nach Zürich und immatrikulierte sich an der dortigen Universität, an der schon sehr früh Frauen zum Studium zugelassen waren. Die ersten Hörerinnen gab es bereits im Jahr 1840 an der philosophischen Fakultät. In den 1860er-Jahren waren Frauen in fast allen Fachbereichen als Studierende anzutreffen. Eine prominente Kommilitonin Luxemburgs war etwa Ricarda Huch. Luxemburg belegte zunächst das Fach Zoologie, hörte aber auch philosophische, mathematische, sozialwissenschaftliche, historische und nationalökonomische Vorlesungen. Später wechselte sie zur staatswissenschaftlichen Fakultät und studierte außer Öffentlichem Recht vor allem Nationalökonomie – eine Disziplin, die ihr späterer Doktorvater Julius Wolf erst als solche an der Universität etabliert hatte.

Zürich war geprägt von einer bunt gemischten Migrantenschar, zu denen Russen, Polen und Deutsche gleichermaßen zählten und die ein reges kulturelles und politisches Leben entfalteten. Exemplarisch für diese Situation war die Familie Lübeck, bei der Luxemburg zuerst Quartier bezog. Carl Lübeck war ein deutscher sozialistischer Journalist, den wie so viele andere das Bismarck'sche Sozialistengesetz, das von 1878 bis 1890 sozialistische und sozialdemokratische Organisationen verbot, aus dem Land getrieben hatte, seine Frau Olympia hatte polnische Wurzeln. Luxemburg profitierte vom regen intellektuellen Leben der im Club Eintracht organisierten deutschen sozialistischen Emigranten, die unter anderem eine Bibliothek zur Geschichte des Sozialismus unterhielten und Veranstaltungen mit den großen Persönlichkeiten der Sozialdemokratie wie Wilhelm Liebknecht, August Bebel und Eduard Bernstein organisierten. Vor allem aber nahm sie als Mitglied einer kleinen Schar junger Genossen aus ihrer Heimat bald die politische Arbeit auf. Unter ihnen war Julian Marchlewski, den sie schon in Polen kennengelernt hatte. Er war einer der führenden Organisatoren der Union polnischer

Arbeiter, einer der ersten marxistisch orientierten Gewerkschaften Polens. Marchlewski hatte diese Organisation vor allem in Lodz, dem »polnischen Manchester«, aufgebaut und den Generalstreik im Jahr 1892 organisiert. Dazu gesellte sich Adolf Warszawski (genannt »Warski«), ein Journalist, der wie Marchlewski und Luxemburg Proletariat II angehört hatte. Entscheidend aber und bestimmend für Luxemburgs gesamten Lebensweg war der aus Wilna stammende Leo Jogiches, der einer sehr wohlhabenden Industriellen- bzw. Kaufmannsfamilie entstammte. Er war ohne Abschluss vom Gymnasium abgegangen, um sich ins »Volk« zu integrieren. Gemeint waren damit vor allem die Metallarbeiter seiner Heimatstadt. Er hatte auch enge Kontakte zu den Narodniki, zu jener Organisation also, der auch Lenins jüngerer Bruder Alexander Uljanow angehörte, der nach dem Attentat auf Zar Alexander II. hingerichtet worden war. Jogiches sollte sich zeit seines Lebens vor allem als geschickter Organisator und Konspirator bewähren. Nach dem Bekanntwerden der Attentatspläne auf Zar Alexander III. war er es, der die führenden Narodniki aus Wilna über die Grenze nach Preußen schleuste. Als Mitglied einer radikalen marxistischen Gruppe in Wilna organisierte er Streiks. Er wurde von der Ochrana, der russischen Geheimpolizei, verhaftet, mangels Beweisen wieder freigelassen, unter Polizeiaufsicht gestellt und sollte schließlich zur Armee eingezogen werden. Dieser Maßnahme entzog er sich in ähnlicher Weise wie Rosa Luxemburg durch Flucht über die Grenze nach Preußen – allerdings etwas weniger komfortabel in einem Wagen, der Lehm transportierte. Zwischen Luxemburg und Jogiches kam es bald zu einer intimen Beziehung, die aber im Lauf der Jahre einen recht dramatischen und unglücklichen Verlauf nehmen sollte. Im politischen Kampf jedoch blieben sie einander bis zum Ende loyal verbunden. Nicht unerheblich war auch die Tatsache, dass Jogiches sehr vermögend war, politische Projekte großzügig finanzierte und auch Luxemburg finanziell unterstützte.

Leo Jogiches, um 1918, während der Zeit ihrer Beziehung von Luxemburg zärtlich »Dziodzio« genannt

Diese Gruppe polnisch-litauischer Internationalisten entfaltete zunächst eine beachtliche publizistische Tätigkeit. Jogiches gründete in Paris das Verlagsprojekt der *Sozialistischen Bibliothek*, die zum Beispiel russische Marx-Übersetzungen herausgab und in der Luxemburg – unter Pseudonym – ihre erste theoretische Arbeit, *Das unabhängige Polen und die Arbeiterfrage*, veröffentlichte. Ebenfalls in Paris starteten diese jungen Internationalisten ein Zeitschriftenprojekt, die *Sprawa robotnizca* (»Sache der Arbeiter«), von der insgesamt 25 Nummern erscheinen sollten. Nach Warszawski war auch Luxemburg eine Zeit lang Chefredakteurin und veröffentlichte darin unter dem Pseudonym R. Kruszynska. Auf diese Weise wollte man auf die Entwicklung des Sozialismus in Polen aktiv Einfluss nehmen. Hauptgegner hierbei war die PPS (Sozialistische Partei Polens): Nach der Zerschlagung von Proletariat II war es Stanislaw Mendelson gelungen, diese

Organisation zu etablieren und recht geschickt die Anerkennung seitens sozialdemokratischer Parteien anderer Länder zu erwerben. Selbst Friedrich Engels ließ sich dafür instrumentalisieren. Der entscheidende inhaltliche Dissens bestand darin, dass die PPS die Frage der nationalen Unabhängigkeit Polens in den Vordergrund rückte, was dem an Marx orientierten internationalistischen Verständnis Luxemburgs und ihrer Kampfgefährten völlig zuwiderlief. Unabhängig von den nationalen Grenzen galt es, den Kampf des Industrieproletariats mit dem Ziel der Überwindung des Kapitalismus zu organisieren. Mithilfe der Gründung einer eigenen Partei, der Sozialdemokratie des Königreichs Polen (SDKP), versuchte man die Hegemonie der PPS zu brechen.

Der erste Versuch Luxemburgs, die internationale Bühne zu betreten, mündete zunächst – wenigstens dem ersten Anschein nach – in einem Fiasko: Am 6. August 1893 füllten sich die Straßen Zürichs mit Tausenden von Arbeitern, um die vierhundert Delegierten des III. Internationalen Sozialistischen Arbeiterkongresses (der zweiten, sozialistischen Internationale) zu empfangen. Die führenden Sozialisten aller Länder versammelten sich im Tonhallesaal, unter anderem der deutsche »Arbeiterkaiser« August Bebel, Victor Adler aus Österreich, Georgi Plechanow, der »Vater des russischen Marxismus«, Wilhelm Liebknecht, Karl Kautsky, Clara Zetkin und nicht zuletzt Friedrich Engels, damals die fraglose Autorität für die Sozialisten aller Länder. Um Luxemburgs Mandat, das sie für die *Sprawa robotnizka* ausüben wollte, entspann sich eine lange Auseinandersetzung. Von der Zeitschrift sei, so die Argumentation derer, die die Rechtmäßigkeit des Mandats bestritten, schließlich erst eine Nummer erschienen. Nach einer Debatte, die eine ganze Stunde in Anspruch nahm, kam es schließlich zur Abstimmung, die Luxemburgs Mandat zurückwies. Sie musste den Saal verlassen. Doch nicht zuletzt die deutschen Sozialdemokraten, unter anderem Karl Kautsky, hatten das außerordentliche rhetorische Talent der jungen Frau wahrgenommen, und Julian Marchlewski, der mit einem Mandat des Verbands polnischer Arbeiter (ZRP) ausgestattet war, durfte schließlich den von ihr vorbereiteten *Bericht* verlesen. Ohne die PPS ausdrücklich zu erwähnen, geißelte sie die kleinbürgerlichen Ideale der polnischen patriotischen Intelligenz, die nun auch versuche, die Arbeiterschaft in ihr patriotisches Kielwasser hineinzuziehen. Angesichts der Entwicklungstendenzen des Kapitalismus sei es für den letztlich entscheidenden Kampf der Arbeiterklasse kontraproduktiv, eine nationale Unabhängigkeit anzustreben. Nach Luxemburgs ganz an Marx orientiertem Verständnis erleichterte die Integration in die größeren Ökonomien der Staaten, die die unterschiedlichen Teile Polens annektiert hatten, diesen Kampf. Ganz im Sinne des *Manifests der Kommunistischen Partei* (vgl. Marx 2015, 163–192) von Marx und Engels hielt sie eine möglichst starke Entwicklung der Produktivkräfte für die entscheidende Basis der gesellschaftlichen Transformation. Eine offene Flanke bot sie allerdings mit der Verwendung des Begriffs »organische Eingliederung« für das, was die patriotischen Kräfte als Besetzung empfanden. Ausdrücklich plädierte sie für die Entwicklung sozialdemokratischer, marxistisch und internationalistisch orientierter Massenparteien und wandte sich damit deutlich gegen die Umsturzkonzepte einer kleinen Elite der Intelligenz, wie sie in Russland die *Narodnaja Wolja* (»Wille des Volkes«, auch *Narodniki*, Volksfreunde, genannt) verfolgte.

Die Nichtanerkennung von Luxemburgs Mandat bestärkte die Gruppe junger Internationalisten nur darin, die Etablierung der SDKP voranzutreiben, die 1894 in Warschau ihren ersten – illegalen – Kongress durchführen konnte. Allerdings scheiterte das schwierige Vorhaben, die Dominanz der PPS zu brechen, endgültig, als im Jahr 1895 fast vierhundert Mitglieder der SDKP verhaftet wurden. Im Januar 1896 löste sich die Zentralexekutive selbst auf und empfahl den verbliebenen Mitgliedern, sich in dieser Situation der PPS anzuschließen. Für Luxemburg, die gehofft hatte, beim Vierten Kongress der Sozialistischen Internationale in London das Blatt endgültig zugunsten der SDKP zu wenden, war dies ein herber Schlag. Erst im Jahr 1900 gelang eine Neugründung in Gestalt der nun auch Litauen umfassenden SDKPiL.

Nach einem längeren Forschungsaufenthalt in Paris konnte Luxemburg 1897 ihre Doktorarbeit über *Die industrielle Entwicklung Polens* abschließen und wurde mit der Note *magna cum laude* promoviert. Auch in ihrer Dissertationsschrift begründete Luxemburg die Borniertheit des nationalen Standpunkts, zeigte auf, wie sich der Aufschwung der polnischen Ökonomie der Integration in den russischen Markt verdankte, und begründete im Anschluss an Marx, dass dies zugleich die Erstarkung des russischen und polnischen Proletariats zur Folge haben müsse. Julius Wolf, ihr Doktorvater, teilte den marxistischen Standpunkt Luxemburgs ganz und gar nicht, bezeichnete sie aber dennoch voller Anerkennung als seine begabteste Schülerin. Selbst im recht progressiven Zürich erregte der Studienabschluss einer Frau mit Doktorgrad noch einiges Aufsehen.

Das Jahr ihrer Promotion war jedoch überschattet von einem anderen Ereignis: dem Tod ihrer Mutter, die an Magenkrebs verstorben war. Wie schmerzlich dieses Ereignis für Luxemburg gewesen ist, bezeugen die Zeilen eines Briefes, den sie etliche Monate später an Leo Jogiches schreibt:

Du schreibst mir, dass dich der Verlust deiner Mutter furchtbar quält; vielleicht glaubst du jetzt auch mir, dass das auch für mich ein furchtbarer Schmerz ist, der nicht aufhört und nicht für einen Tag vergeht. Ich habe in Zürich bemerkt, dass du mir das nicht glaubst, und ließ dich deshalb nichts merken, aber sowohl dort als auch hier lässt mich dieses Schauderhafte nicht los. Besonders wenn ich mich schlafen lege, steht mir dieser Fakt sofort wieder vor Augen, und ich muss laut aufstöhnen vor Schmerz. Ich weiß nicht, wie es bei dir ist, aber ich leide irgendwann nicht hauptsächlich aus Sehnsucht und nicht um meinetwillen, sondern jedes Mal erschüttert mich der eine Gedanke: Was war das doch für ein Leben! Was hat dieser Mensch erlebt, wozu so ein Leben! (GB 1, 159)

Und viele Jahre später setzt sie in einem Brief aus der Gefängnishaft an Sonja Liebknecht der Mutter, die in ihrer Kindheit eine weit geringere Bedeutung gespielt hat als ihr Vater und ihre Brüder, ein wunderschönes Denkmal, indem sie einen verwandten Wesenszug an ihr feststellt:

Glauben Sie mir, Sonjuscha, dass mich ein solcher kleiner Vogelruf, in dem so viel Ausdruck liegt, tief ergreifen kann. Meine Mutter, die nebst Schiller die Bibel für der höchsten Weisheit Quell hielt, glaubte steif und fest, dass König Salomo die Sprache der Vögel verstand. Ich lächelte damals mit der ganzen Überlegenheit meiner fünfzehn Jahre und einer modernen naturwissenschaftlichen Bildung über die mütterliche Naivität. Jetzt bin ich selbst wie König Salomo: Ich verstehe auch die Sprache der Vögel und aller Tiere. Natürlich nicht, als ob sie menschliche Worte gebrauchten, sondern ich verstehe die verschiedensten Nuancen und Empfindungen, die sie in ihre Laute legen. Nur dem rohen Ohr eines gleichgültigen Menschen ist ein Vogelgesang immer ein und dasselbe. Wenn man die Tiere liebt und für sie Verständnis hat, findet man große Mannigfaltigkeit des Ausdrucks, eine ganze »Sprache«. (GB 5, 243–244)

Nach Abschluss ihrer Dissertation war nun der Weg frei für die Wahl ihres politischen Engagements. Bewusst entschied sich Luxemburg, ins Deutsche Reich zu gehen, um innerhalb der bei Weitem stärksten und einflussreichsten sozialdemokratischen Partei möglichst effektiv zu wirken. Möglicherweise hat auch die größere Nähe zur polnischen Heimat eine Rolle bei dieser Entscheidung gespielt. Um als rechtmäßige Bürgerin Preußens im Deutschen Reich wirken zu können, ging sie eine Scheinehe mit Gustav Lübeck, einem Sohn ihrer Zürcher Gastfamilie, ein. Nur widerstrebend willigte der junge Mann auf das beharrliche Drängen seiner Mutter in dieses Arrangement ein. Für Luxemburg stand der Weg nach Berlin nun offen.

HECHT IM KARPFENTEICH

Am 16. Mai 1898 traf Luxemburg schließlich in Berlin ein und machte sich auf die mühsame Suche nach einer Bleibe. Zuvor war sie in München bei Ignaz Auer, einem der beiden Sekretäre der SPD, vorstellig geworden, um ihre Dienste für die Partei anzubieten. Die SPD genoss höchstes Ansehen innerhalb der internationalen Arbeiterbewegung und hatte sich nach Aufhebung des Bismarck'schen Sozialistengesetzes im Jahr 1890 zu einem immer stärkeren politischen Faktor im Deutschen Reich entwickelt. Die Anzahl der Mitglieder, Mandatsträger und Wählerstimmen stieg kontinuierlich und kräftig an. Bei den Reichstagswahlen 1898 erzielte die SPD stattliche 27 % der Wählerstimmen. Darüber hinaus war die SPD stark in den Landtagen und Kommunalverwaltungen verankert und verfügte über eine wachsende Zahl von hauptamtlichen Funktionären – was wohl auch entscheidend zu ihrem immer deutlicheren pragmatischen Anpassungskurs beitrug. Parallel dazu erstarkten auch die Gewerkschaften. Die SPD verfügte vor allem über ein sehr reichhaltiges, ausgedehntes Pressewesen. Neben ihrem zentralen Organ, dem *Vorwärts*, und ihrer anspruchsvollen theoretischen Zeitschrift *Die neue Zeit* sowie der von Clara Zetkin geleiteten frauenrechtlichen Zeitschrift *Die Gleichheit* vertrieb sie über mehr als dreißig regionale Tageszeitungen. Rosa Luxemburg selbst sollte für jeweils sehr kurze Zeit (einen Monat bzw. zwei Monate) Chefredakteurin der *Sächsischen Arbeiterzeitung* und (zusammen mit Franz Mehring) der *Leipziger Volkszeitung* sein.

Inhaltlich wurde die Partei vom sogenannten marxistischen Zentrum dominiert, dessen führender Theoretiker Karl Kautsky war, mit dem Luxemburg bis zu ihrem Zerwürfnis im Jahr 1910 eng zusammenarbeitete und dessen Frau Luise zu ihren engsten Freundinnen

Karl Kautsky, der führende marxistische Theoretiker der SPD, trat philosophisch unter anderem mit seinem Werk *Der Ursprung des Christentums* hervor.

zählte. Nach Aufhebung des Verbots hatte sich die Partei 1891 in Erfurt ein Programm gegeben, das allerdings auch die ganze Ambivalenz der politischen Rolle der SPD offenbarte, welche Kautsky in der paradoxen Formel von der »revolutionären, aber nicht Revolution machenden Partei« zusammenfasste: Man kann sehr klar zwei – von unterschiedlichen Autoren entworfene – Teile ausmachen, die keineswegs organisch miteinander verbunden sind. Der erste, theoretische Teil stammt im Wesentlichen aus der Feder Kautskys, wobei kein Geringerer als Friedrich Engels entscheidenden Anteil daran hatte. Er bot marxistische Theorie in Reinkultur und sprach von der Notwendigkeit der Überwindung des Klassengegensatzes und der kapitalistischen Ausbeutung. Im zweiten, im Wesentlichen von Eduard Bernstein verfassten Teil widmete man sich dem reformistischen Tagesgeschäft. Zentral war hier die Forderung nach einem allgemeinen und gleichen, auch die Frauen einschließenden Wahlrecht. Darüber hinaus ging es um Selbstverwaltung auf den unterschiedlichen Ebenen, volle Koalitions- und Versammlungsfreiheit, Arbeitsrecht (Achtstundentag usw.) … Das Ziel einer demokratischen Republik wurde wohlweislich – aus Angst vor einem neuerlichen Verbot – nicht ausdrücklich benannt. Die erste große und grundsätzliche Auseinandersetzung, die Luxemburg innerhalb der SPD führen sollte, der sogenannte Revisionismusstreit, dreht sich exakt darum, in welchem Verhältnis die beiden Teile der sozialdemokratischen Programmatik zueinander stehen.

Die Furcht vor einem neuerlichen Verbot ist vermutlich ein entscheidendes Motiv für das vorsichtige Agieren der Partei in vielen Fragen. Während des Sozialistengesetzes waren die Parlamentsfraktionen die einzige legale Instanz gewesen, da Einzelpersonen auch unabhängig vom Verbot der Organisation als solcher für ein Mandat kandidieren konnten. Und auch nach 1890 war die SPD noch zahlreichen Restriktionen unterworfen: Eine Parteimitgliedschaft schloss eine Beamtenlaufbahn (was unter anderem auch das Lehramt betraf) aus, die Zulassung zum Anwalts- und anderen Berufen war faktisch nicht vereinbar mit einer politischen Tätigkeit in der SPD, und die Presseorgane waren einer strengen Zensur unterworfen.

Die Herkunft Luxemburgs prädestinierte sie dazu, in Oberschlesien die polnischen Arbeiter für die SPD zu gewinnen. Sie tat dies äußerst erfolgreich und erwarb sich ihre ersten Meriten als hervorragende Rednerin auf Massenkundgebungen. Die schlesischen Reichstagskandidaten wetteiferten schon bald darum, sie als Rednerin zu gewinnen, und Luxemburg genoss überdies die Nähe zu ihrer Heimat und die polnische Muttersprache. Seit diesen ersten Verdiensten für die SPD nahm Luxemburg, ausgestattet mit Mandaten von den unterschiedlichsten Regionen, an den SPD-Parteitagen teil und wurde bald zur Gallionsfigur des linken Flügels.

Auslöser einer grundsätzlichen parteiinternen Auseinandersetzung war eine Artikelserie, die Eduard Bernstein, ein enger Freund von Marx und Engels, der seit dem Sozialistengesetz in London lebte, in der *Neuen Zeit* zwischen 1896 und 1898 veröffentlichte. Er ging dabei vom empirischen Befund aus, dass es seit Jahrzehnten keine größeren Wirtschaftskrisen mehr gegeben habe und dass die Arbeiterschaft keineswegs Opfer einer wachsenden Verelendung sei, sondern zunehmenden Wohlstand genieße. Es sei deshalb folgerichtig, sich vom Ziel einer revolutionären Erhebung zu verabschieden und auf dem Weg beharrlicher, parlamentarisch errungener Reformen nach englischem Vorbild in den »Sozialismus« hineinzuwachsen. Nicht auf das Endziel des Sozialismus käme es dabei an, was vielmehr zähle, sei die Bewegung dahin. Dabei verabschiedete er sich auch von allem, was seit Engels ein marxistisches Selbstverständnis ausmachte: von der Arbeitswertlehre ebenso wie von der dialektischen Methode und dem Materialismus als weltanschaulicher Grundlage. Die SPD-Führung reagierte auf diesen Angriff auf die Grundfesten ihres Selbstverständnisses mit betretenem Schweigen. Luxemburgs Stunde war gekommen. Sie nutzte ihren guten Kontakt zur *Leipziger Volkszeitung*, um rechtzeitig vor dem Stuttgarter Parteitag mit einer brillant geschriebenen Artikelserie zu antworten, die später in Form einer Broschüre unter dem Titel *Sozialreform oder Revolution?* zusammengefasst wurde und zu den bedeutendsten Schriften Luxemburgs gehört. Ihr Ausgangspunkt war dabei die Selbstwidersprüchlichkeit der Dynamik des Kapitalismus, der sich zwangsläufig »den Schädel zerschmettern« müsse, wie sie in einem Brief an Jogiches formuliert. In diesem Sinne bestritt sie zunächst die Gegenwartsdiagnose Bernsteins und hielt ihr entgegen, dass die vorläufige Entschärfung der ökonomischen Situation für die Zukunft lediglich umso tiefere Krisen erwarten ließe. Das dialektische Verhältnis von konkreten Reformen und dem sozialistischen Endziel, das sie später in die Formel »revolutionäre Reformpolitik« fassen wird, bestimmt sie folgendermaßen:

Sozialreform oder Revolution? Kann denn die Sozialdemokratie gegen die Sozialreform sein? Oder kann sie die soziale Revolution, die Umwälzung der bestehenden Ordnung, die ihr Endziel bildet, der Sozialreform entgegenstellen? Allerdings nicht. Für die Sozialdemokratie bildet der alltägliche praktische Kampf um soziale Reformen, um die Besserung der Lage des arbeitenden Volkes noch auf dem Boden des Bestehenden, um die demokratischen Einrichtungen vielmehr den einzigen Weg, den proletarischen Klassenkampf zu leiten und auf das Endziel, auf die Ergreifung der politischen Macht und Aufhebung des Lohnsystems hinzuarbeiten. Für die Sozialdemokratie besteht zwischen der Sozialreform und der sozialen Revolution ein unzertrennlicher Zusammenhang, indem ihr der Kampf um die Sozialreform das Mittel, die soziale Umwälzung aber der Zweck ist. […] Die gesetzliche Reform und die Revolution sind also nicht verschiedene Methoden des geschichtlichen Fortschritts, die man in dem Geschichtsbüfett nach Belieben wie heiße Würstchen oder kalte Würstchen auswählen kann, sondern verschiedene Momente in der Entwicklung der Klassengesellschaft, die einander ebenso bedingen und ergänzen, zugleich aber ausschließen, wie z. B. Südpol und Nordpol, wie Bourgeoisie und Proletariat. […] Wer sich daher für den gesetzlichen Reformweg anstatt und im Gegensatz zur Eroberung der politischen Macht und zur Umwälzung der Gesellschaft ausspricht, wählt tatsächlich nicht einen ruhigeren, sicheren, langsameren Weg zum gleichen Ziel, sondern auch ein anderes Ziel, nämlich statt der Herbeiführung einer neuen Gesellschaftsordnung bloß unwesentliche Veränderungen in der alten. So gelangt man von den politischen Ansichten des Revisionismus zu demselben Schluss wie von seinen ökonomischen Theorien: dass sie im Grunde genommen nicht auf die Verwirklichung der sozialistischen Ordnung, sondern bloß auf die Refor-

mierung der kapitalistischen, nicht auf die Aufhebung des Lohnsystems, sondern auf das Mehr oder Weniger der Ausbeutung, mit einem Worte auf die Beseitigung der kapitalistischen Auswüchse und nicht des Kapitalismus selbst abzielen. (GW 1/1, 369; 428–429)

Seither sollte dieser Grundsatzstreit in verschiedener Gestalt und anlässlich unterschiedlicher tagespolitischer Fragen auf den Parteitagen der SPD immer wieder zum Austrag kommen. Taktisch verhängnisvoll war es wahrscheinlich, dass Luxemburg mit ihrer Aussage, die Sisyphusarbeit der Tarifauseinandersetzungen könne das Verhältnis von Arbeit und Kapital keineswegs ändern, die für die SPD so wichtigen Gewerkschaften brüskierte. Luxemburgs Position triumphierte zunächst auf dem Stuttgarter Parteitag, der – in Abwesenheit von Bernstein – dem »Revisionismus« eine klare Absage erteilte. Noch klarer fiel diese Zurückweisung durch eine Resolution des Dresdener Parteitags im Jahr 1903 aus. In Zukunft aber sollte mehr und mehr der Kampf gegen den ungeachtet dieser Grundsatzentscheidung vielfach praktizierten Revisionismus im Vordergrund stehen, etwa wenn die badischen Landtagsabgeordneten entgegen der klaren Beschlusslage der Gesamtpartei den Haushalt mit verabschiedeten.

Der Revisionismusstreit wurde schließlich auch auf internationaler Ebene ausgetragen, auf der Luxemburg eine zunehmend wichtige Rolle spielte – als Delegierte auf den Kongressen der Internationale ebenso wie als Mitglied des Internationalen Sozialistischen Büros, wo sie die 1900 als Nachfolgeorganisation der SPKP gegründete SPKPiL vertrat. Unmittelbarer Anlass war die Regierungsbeteiligung der Sozialisten, vorgeblich um nach der Frankreich erschütternden Dreyfus-Affäre »die Republik zu retten«: Der Sozialist Alexandre Millerand war 1899 als Arbeitsminister einem Kabinett beigetreten, dem unter anderem als Verteidigungsminister General Mar-

August Bebel, der »Arbeiterkaiser«, war von 1892 bis zu seinem Tod 1913 einer der beiden Vorsitzenden der SPD. Der gelernte Drechsler machte sich theoretisch durch sein Werk *Die Frau im Sozialismus* verdient.

quis de Galliffet angehörte, persönlich verantwortlich für die blutige Niederschlagung der Pariser Commune im Jahr 1871! Luxemburg hatte sich publizistisch in dieser Angelegenheit eindeutig positioniert, und auf dem Amsterdamer Kongress im Jahr 1904 wurde der Streit vor allem zwischen August Bebel und Jean Jaurès ausgetragen. Luxemburg erntete unter anderem für die noble Geste Anerkennung, dass sie Jaurès' Rede, mit der sie ganz und gar nicht einverstanden war, aus dem Französischen korrekt in einer Weise übersetzte, die geeignet war, die gegnerische Position aufzuwerten. Die deutsche Haltung in dieser Frage konnte sich schließlich durchsetzen.

Eine weitere Auseinandersetzung auf internationaler Ebene war für Luxemburg die Gelegenheit, ein zentrales Element ihrer Vorstellung von der gesellschaftlichen Transformation publizistisch zu propagieren: den *Mas-*

senstreik. Dieses Konzept war unter den Sozialisten nicht zuletzt deshalb umstritten, weil es der anarchistischen Generalstreik-Forderung sehr nahe zu kommen schien. Innerhalb der deutschen Sozialdemokratie setzte sich die Position durch, dass Massenstreiks nur als »ultima ratio«, als Defensivwaffe, legitim seien, wenn etwa das allgemeine Wahlrecht auf dem Spiel stehe (so der Parteitagsbeschluss in Jena aus dem Jahr 1905). Entschiedene Gegner des Massenstreiks waren allerdings die Gewerkschaften, die diese Kampfform auf ihrem Kölner Kongress im Jahr 1905 schlicht für »indiskutabel« erklärten. Die Entwicklung der eigenen Organisation bedürfe des Friedens innerhalb der Arbeiterbewegung. Als die Bergarbeiter des Ruhrgebiets sich über den Willen ihrer Gewerkschaftsführer hinwegsetzten, lenkten die Gewerkschaften nur deshalb ein, weil das Faktum gesetzt und nicht zu verhindern war. Die russische Revolution 1905 wird später für Luxemburg der Anlass sein, ihr Massenstreikkonzept in ihrer Schrift *Massenstreik, Partei und Gewerkschaften* (s. weiter unten, S. 55–58) ausführlich darzulegen und zu begründen. Und schließlich wird genau diese Frage einige Jahre später zum Zerwürfnis mit Karl Kautsky führen (s. weiter unten, S. 73 f). Den ersten Anlass bot aber zunächst Belgien. Hier konnten Massenstreiks in den Jahren 1891 und 1893 eine Wahlrechtsreform erzwingen, die den Sozialisten den Einzug ins Parlament sicherte. Émile Vandervelde, der belgische Sozialistenführer, hatte mit den Liberalen 1902 eine parlamentarische Initiative zur Einführung des allgemeinen (allerdings nur für Männer geltenden) Wahlrechts gestartet, die im Parlament jedoch an den Konservativen scheiterte. Gleichzeitig hatte das Zentralorgan der belgischen Arbeiterpartei, *People*, zum Massenstreik aufgerufen und 300 000 Arbeiter dafür mobilisiert. Vandervelde ließ diese Aktion abbrechen und appellierte stattdessen an den König, das Parlament aufzulösen. Er ließ es erst gar nicht zur Machtprobe kommen. Die publizistischen Attacken Luxemburgs gegen diese Kapitulation noch vor der Aufnahme des Kampfes ernteten den Beifall Bebels und Kautskys und waren für Luxemburg die erste Gelegenheit, die grundsätzlichen Grenzen des Parlamentarismus aufzuzeigen und stattdessen zu begründen, dass allein die spontane Aktion der Massen der Proletarier eine essenzielle gesellschaftliche Veränderung bewirken könne.

Das Setzen auf die direkte, spontane Aktion der Massen wendet sich einerseits gegen den Parlamentarismus, der die Illusion hegt, man könne die kapitalistische Gesellschaft durch taktisches Paktieren mit eben jenen bürgerlichen Kräften aushebeln, die sie erhalten wollen, andererseits aber auch gegen jedes elitäre Verständnis einer selbsternannten Avantgarde. Das sollte zur ersten Auseinandersetzung mit Lenin führen:

Auf dem Parteitag der SDAPR, der Sozialdemokratischen Arbeiterpartei Russlands, im Jahr 1903, der kurzfristig von Brüssel nach London verlegt werden musste, kam es zur grundsätzlichen Auseinandersetzung um das Selbstverständnis der Partei. Lenin lehnte das Konzept einer Massenpartei nach dem Vorbild der westlichen Sozialdemokratien ab und plädierte für eine straff organisierte, zentralistische Partei von Berufsrevolutionären. Mit nur einer Stimme Mehrheit konnte sich diese Auffassung durchsetzen, womit die Spaltung der Partei in fortan sogenannte »Bolschewiki« (Anhänger der Mehrheit) und »Menschewiki« (Anhänger der Minderheit) eingeleitet war. Die SDKPiL hatte die Mitgliedschaft in der SDAPR beantragt. Luxemburg war also in die Ereignisse direkt involviert. Für das Parteiorgan *Iskra* (»Funke«), das von den Menschewiki kontrolliert war, schrieb sie ihren grundsätzlichen Artikel *Organisationsfragen der russischen Sozialdemokratie*, dessen Bedeutung bis heute gerade angesichts der späteren Entwicklung hin zum Totalitarismus nicht hoch genug veranschlagt werden kann. Er war eine direkte Antwort auf Lenins Schrift *Ein Schritt vorwärts, zwei Schritte zurück*. Brillant arbeitet sie heraus, dass die Parteidisziplin, wie sie Lenin wollte, die verinnerlichten Verhaltensweisen der für den Kapitalismus gefügig gemachten Menschen widerspiegelt:

Die sozialdemokratische Bewegung ist die erste in der Geschichte der Klassengesellschaften, die in allen ihren Momenten, im ganzen Verlauf auf die Organisation und die selbstständige direkte Aktion der Masse berechnet ist. […] Daraus ergibt sich schon, dass die sozialdemokratische Zentralisation nicht auf blindem Gehorsam, nicht auf der mechanischen Unterordnung der Parteikämpfer unter eine Zentralgewalt basieren kann […]. Die »Disziplin«, die Lenin meint, wird dem Proletariat keineswegs bloß durch die Fabrik, sondern auch durch die Kaserne, auch durch den modernen Bürokratismus, kurz – durch den Gesamtmechanismus des zentralisierten bürgerlichen Staates eingeprägt. […] Nicht durch die Anknüpfung an die ihm durch den kapitalistischen Staat eingeprägte Disziplin – mit der bloßen Übertragung des Taktstocks aus der Hand der Bourgeoisie in die eines sozialdemokratischen Zentralkomitees –, sondern durch die Durchbrechung, Entwurzelung dieses sklavischen Disziplingeistes kann der Proletarier erst für die neue Disziplin – die freiwillige Selbstdisziplin der Sozialdemokratie – erzogen werden. […] Fehltritte, die eine wirklich revolutionäre Arbeiterbewegung begeht, sind geschichtlich unermesslich fruchtbarer und wertvoller als die Unfehlbarkeit des allerbesten »Zentralkomitees«. (GW 1/2, 427–444)

Subjekt des gesellschaftlichen Wandels ist keine revolutionäre Elite, sondern es sind die Unterdrückten selbst, deren Aktion die Partei zu unterstützen hat, indem sie ihr Orientierung verleiht. Der Kampf um eine neue, sozialistische Gesellschaft selbst muss mit den Prinzipien der alten brechen. Ein Höchstmaß an Partizipation, und keine hierarchische Struktur, kann eine Gesellschaft der solidarischen Teilhabe herbeiführen. In ihrer Auseinandersetzung mit der Oktoberrevolution wird Luxemburg an diesen Text wieder anknüpfen und zeigen, dass dieses elitäre und hierarchische Verständnis der Parteiorganisation letztlich in die Aufhebung von Demokratie insgesamt mündet, anstatt sie im Sinne des Sozialismus allererst zu verwirklichen (s. weiter unten, S. 100–105).

Dass Luxemburg an dieser Einstellung beharrlich festhielt, bezeugt zum einen ein unveröffentlichtes Manuskript, von Leo Jogiches als »Credo« bezeichnet (vgl. Laschitza 1996, 404), sowie ein im *Czerwony Sztandar* – anonym publizierter – Artikel Luxemburgs aus dem Jahr 1912, nachdem die Spaltung der SDAPR endgültig besiegelt war. Darin bekräftigt Luxemburg ihre grundsätzliche Kritik am Parteiverständnis Lenins in scharfen Worten. Er habe die Partei zerschlagen, um sich mit dem Konzept durchzusetzen, demzufolge

[...] das Zentralkomitee alles, die eigentliche Partei aber nur ein Anhängsel ist, eine seelenlose Masse, die sich mechanisch auf den Wink des Führers bewegt wie eine exerzierende Armee auf dem Paradeplatz oder wie ein Chor, der nach dem Taktstock des Kapellmeisters singt (zit. nach Laschitza 1996, 404).

Es klingt wie eine prophetische Vorwegnahme der tatsächlichen Entwicklung nach der Revolution von 1917 und der Etablierung eines Parteikonstrukts, das letztlich ein Phänomen wie den Stalinismus allererst möglich machte.

Nach dem Amsterdamer Kongress der Internationale hatte Luxemburg in Zwickau ihre erste Gefängnisstrafe zu verbüßen. Sie war wegen Majestätsbeleidigung zu drei Monaten Haft verurteilt worden, weil sie in einer Rede in Breslau 1901 gesagt hatte, Kaiser Wilhelm II. hätte keine Ahnung von der Sache der Arbeiter. Als sie nach zwei Monaten begnadigt wurde, protestierte sie heftig dagegen. Sie sei nicht gewillt, von einem Monarchen Geschenke anzunehmen.

Luise Kautsky, die Ehefrau Karl Kautskys, war eine der engsten Freundinnen Luxemburgs. Den Briefen an Luise verdanken wir die wenigen Kindheitserinnerungen Luxemburgs. Die Berliner Kommunalpolitikerin wurde in Auschwitz ermordet.

ES LEBE DIE REVOLUTION!

Das alles bestimmende Ereignis im Jahr 1905 für Rosa Luxemburg war die erste Russische Revolution. Das Zarenreich hatte im Januar 1904 einen Krieg mit Japan begonnen, der in einer verheerenden Niederlage enden sollte. Die Kosten dieses Krieges hatte die Bevölkerung zu tragen, vor allem die Bauern, die die Last der Steuern, der Pacht und der Abzahlungen kaum noch tragen konnten. Zu den Kriegskosten kam noch die Finanzierung eines aufgeblähten Verwaltungs- und Unterdrückungsapparats (z. B. der Geheimpolizei »Ochrana«). Auch das Bürgertum und die Intelligenzija verlangten in dieser Situation nach politischen Reformen, nach einer Verfassung und einer Nationalversammlung. Die allgemeine Versorgungskrise der Bevölkerung entlud sich in der Hauptstadt Petersburg in einer Großdemonstration, an der mehr als 120 000 Menschen teilnahmen. Angeführt vom etwas zwielichtigen Popen Georgij Gapon – er lavierte geschickt zwischen den Arbeitern und der Ochrana hin und her –, hatte sie eher den Charakter einer Bittprozession. Das zaristische Regime reagierte mit einem Gewaltexzess: Etwa tausend Menschen sollen im Kugelhagel der Infanterie ihr Leben verloren haben. Dieser »Petersburger Blutsonntag«, wie er bald genannt wurde, löste im ganzen Land gewaltige Streikbewegungen aus. Die Bauern stürmten Herrenhäuser, und vor allem radikalisierte sich die Industriearbeiterschaft. Räte wurden gegründet. In Petersburg wurde kein Geringerer als Leo Trotzki Vorsitzender des Arbeiterrates. Der Zar sah sich zu Zugeständnissen gezwungen, die aber recht halbherzig ausfielen und schließlich ganz zurückgenommen wurden. Er versprach demokratische Wahlen zur Duma (die aber nur beratende Kompetenz hatte), Presse- und Versammlungsfreiheit. Tatsächlich führte dies zu einem regen demokratischen Leben. Die Repression setzte jedoch alsbald wieder ein, der Petersburger Arbeiterrat wurde verhaftet, das Moskauer Arbeiterviertel zusammengeschossen. Ein vom Moskauer Arbeiterrat ausgerufener Generalstreik weitete sich zur Aufstandsbewegung aus.

Rosa Luxemburg nahm lebhaften Anteil an diesen Ereignissen. Während sich die Bolschewiki ihrem Konzept einer konspirativen Elite entsprechend sehr misstrauisch gegenüber den spontanen Aktionen der Massen zeigten, fühlte sich Luxemburg gerade in ihrer Auffassung bestätigt, derzufolge eben diese spontan agierenden Massen das eigentliche Subjekt des Umsturzes waren. Sie erfasste auch bald den eigentümlichen Charakter dieser revolutionären Bewegung, die ihrem Inhalt nach – wie in Europa 1848 – bürgerlich war, da es um eine Verfassung und demokratische Reformen ging, deren treibende Kraft jedoch das – in Russland noch relativ schwach entwickelte – Industrieproletariat war. Luxemburg war nun innerhalb der SPD als Russlandexpertin gefragt. Allerdings war vonseiten der deutschen Arbeiterschaft kaum Solidarität zu spüren. Es gab zwar Spendenaktionen, aber zum Beispiel keine unterstützenden Streiks. Auf ausdrückliche Bitte August Bebels wurde Luxemburg nun auch feste Mitarbeiterin des *Vorwärts*. Der Parteiführung war es daran gelegen, ihr Berliner Zentralorgan, das stark von revisionistischen Kräften dominiert wurde, inhaltlich neu auszurichten.

Luxemburg arbeitete nun trotz ihres schlechten Gesundheitszustands unermüdlich für die russisch-polnische Revolution, publizierte, trieb Geldmittel ein, setzte sich für Opfer des zaristischen Regimes ein, besorgte Flüchtlingen eine Unterkunft etc. Besonders schwer traf sie die Hinrichtung ihres früheren Mentors, Marcin Kasprzak. Er hatte sich bei seiner Verhaftung in einer illegalen Druckerei der SDKPiL mit der Waffe zur Wehr gesetzt und vier Beamte erschossen. Damit entkräftete er eindrucksvoll die Vorwürfe seiner Gegner, dass er ein Polizeispitzel sei.

Am 28. Dezember 1905 begab sich Luxemburg, begleitet von der gesamten Familie Kautsky, an den Berliner Friedrichsbahnhof, um, ausgestattet mit gefälschten Papieren, als Anna Matschke ihre Reise nach Warschau anzutreten – angeblich als Korrespondentin des *Vorwärts*. Trotz mancher Warnungen nahm sie dort zusammen mit Leo Jogiches, der ebenfalls unter falschem Namen nach Polen eingereist war, ihre konspirative Tätigkeit auf. Wenig professionell mutet es allerdings an, dass beide bei derselben Gastgeberin, in der Pension der Gräfin Walewska, Quartier bezogen. Vor allem widmeten sich Luxemburg und Jogiches der illegalen Verbreitung der Zeitung *Czerwony Sztandar* (»Rote Fahne«). Oftmals musste eine Druckerei mit der Pistole in der Hand zum illegalen Druck der Zeitung gezwungen werden.

Am 4. März 1906 wurden beide schließlich verhaftet und Luxemburg wurde zunächst ins Gefängnis im Rathaus verbracht. Trotz der widrigen Bedingungen scheint ihr optimistischer Kampfgeist ungebrochen. Davon zeugt ein Brief an Luise und Karl Kautsky:

Am Sonntag, dem 4., abends hat mich das Schicksal ereilt: Ich bin verhaftet worden. Ich hatte bereits meinen Pass zur Rückreise visiert und war auf dem Sprung zu fahren. Nun, es muss auch so gehen. Hoffentlich werdet ihr euch nicht zu sehr die Sache zu Herzen nehmen. Es lebe die Re…! mit allem, was sie bringt. […] Man fand mich in ziemlich unbequemer Lage, aber Schwamm drüber. Hier sitze ich im Rathaus, wo »Politische«, Gemeine und Geisteskranke zusammengepfercht sind. Meine Zelle, die ein Kleinod in dieser Garnitur ist (eine gewöhnliche Einzelzelle für eine Person in normalen Zeiten), enthält vierzehn Gäste, zum Glück lauter Politische. Tür an Tür mit uns noch zwei große Doppelzellen, in jeder ca. dreißig Personen, alle durcheinander. Dies sind schon, wie man mir erzählt, paradiesische Zustände; früher saßen sechzig zusammen in einer Zelle und schliefen schichtweise je paar Stunden in der Nacht, während die anderen »spazierten«. Jetzt schlafen wir alle wie die Könige auf Bretterlagern, querüber, nebeneinander wie Heringe, und es geht ganz gut – insofern nicht eine Extramusik hinzukommt wie gestern z. B., wo wir eine neue Kollegin, eine tobsüchtige Jüdin, bekommen hatten, die uns vierundzwanzig Stunden lang mit ihrem Geschrei und ihrem Laufen in allen Zellen in Atem hielt und eine Reihe Politische zum Weinkrampf brachte. Heute sind wir sie endlich los und haben nur drei ruhige »Myschuggene« bei uns. Spaziergänge im Hof kennt man hier überhaupt nicht, dafür sind die Zellen tagsüber offen, und man darf den ganzen Tag im Korridor spazieren, um sich unter den Prostituierten zu tummeln, ihre schönen Liedchen und Sprüche zu hören und die Düfte aus dem gleichfalls bereits offenen 00 zu genießen. Dies alles jedoch nur zur Charakteristik der Verhältnisse, nicht meiner Stimmung, die wie immer vorzüglich ist. Vorläufig bin ich verschleiert, doch wird's wohl nicht lange halten, man glaubt mir nicht. Die Sache im Ganzen ist ernst, doch leben wir ja in bewegten Zeiten, wo »alles, was besteht, wert ist, zugrunde zu gehen«, daher glaube ich überhaupt an keine langfristigen Wechsel und Obligationen. Also seid guten Mutes und pfeift auf alles. […] (GB 2, 249–250)

Bald darauf wurde sie in den X. Pavillon der Warschauer Zitadelle verbracht. Sowohl sie als auch Leo Jogiches mussten unter den damaligen Umständen mit dem Schlimmsten rechnen, mit der Hinrichtung bzw. mit jahrelanger Verbannung in ein Straflager. Schließlich kam Luxemburg gegen eine hohe Kaution frei, die ihr Bruder Maksymilian überbrachte, die aber von der SPD-Parteiführung gestellt worden war. Als Luxemburg das später erfuhr, protestierte sie heftig dagegen. Es war ihr zuwider, ihr politisches Agieren innerhalb der Partei durch eine Dankesschuld der Parteispitze gegenüber korrumpiert zu sehen. Leo Jogiches wurde zu acht Jahren Verbannung nach Sibirien verurteilt, es gelang ihm jedoch die Flucht.

Unmittelbar nach ihrer Gefängnishaft kehrte Luxemburg nicht direkt nach Berlin zurück, sondern reiste zunächst nach Petersburg und schließlich an den Erholungsort Kuokkala. Die Zeit dort nutzte sie, um ihr Konzept gesellschaftlicher Transformation in systematische Form zu bringen: Es entstand ihre bedeutende, 64 Seiten starke Broschüre *Massenstreik, Partei und Gewerkschaften*. Hatte sie bereits angesichts der Ereignisse in Belgien (s. weiter oben, S. 46 f) dazu Stellung bezogen, so flossen nun die russischen und polnischen Erfahrungen in ihre Analyse ein. Mit ihrer Auffassung vom politischen Befreiungskampf als Massenbewegung widersetzte sie sich jedem elitären Konzept, jeder konspirativen Umsturztheorie einer Elite. Umgekehrt setzte sie sich vom Voluntarismus der Generalstreiktheorie ab, wie sie die Anarchisten vertraten. Eine Streikbewegung könne niemals »gemacht« werden, sondern entwickle sich aus der spontanen Reaktion der Massen auf eine bestimmte Situation heraus, er ist die »erste natürliche, impulsive Form jeder großen revolutionären Aktion des Proletariats«. Die in der deutschen Sozialdemokratie vorherrschende Vorstellung dieser Kampfform dagegen beschreibt sie karikierend:

Der Massenstreik, wie er meistens in der gegenwärtigen Diskussion in Deutschland vorschwebt, ist eine sehr klar und einfach gedachte, scharf umrissene Einzelerscheinung. Es wird ausschließlich vom politischen Massenstreik gesprochen. Es wird dabei an einen einmaligen grandiosen Ausstand des Industrieproletariats gedacht, der aus einem politischen Anlass von höchster Tragweite unternommen, und zwar aufgrund einer rechtzeitigen gegenseitigen Verständigung der Partei- und der gewerkschaftlichen Instanzen unternommen, dann im Geiste der Disziplin in größter Ordnung durchgeführt und in noch schönster Ordnung auf rechtzeitig gegebene Losung der leitenden Instanzen abgebrochen wird, wobei die Regelung der Unterstützung, der Kosten, der Opfer, mit einem

Wort die ganze materielle Bilanz des Massenstreiks im Voraus genau bestimmt wird. (GW 2, 102)

Sie wendet sich ebenso gegen die für sie künstliche Unterscheidung von ökonomischem und politischem Kampf, begründet die untrennbare Einheit beider und Verwiesenheit aufeinander und zeigt dies anhand der jüngsten historischen Erfahrung auf:

Der ökonomische Kampf ist das Fortleitende von einem politischen Knotenpunkt zum andern, der politische Kampf ist die periodische Befruchtung des Bodens für den ökonomischen Kampf. Ursache und Wirkung wechseln hier alle Augenblicke ihre Stellen, und so bilden das ökonomische und das politische Moment in der Massenstreikperiode, weit entfernt, sich reinlich zu scheiden oder gar auszuschließen, wie es das pedantische Schema will, vielmehr nur zwei ineinandergeschlungene Seiten des proletarischen Klassenkampfes in Russland. Und ihre Einheit ist eben der Massenstreik. Wenn die spintisierende Theorie, um zu dem »reinen politischen Massenstreik« zu gelangen, eine künstliche logische Sektion an dem Massenstreik vornimmt, so wird bei diesem Sezieren, wie bei jedem anderen, die Erscheinung nicht in ihrem lebendigen Wesen erkannt, sondern bloß abgetötet. (GW 2, 128–129)

Die deutschen Gewerkschaften überschüttet sie mit durchaus erfrischender Polemik:

Madame Geschichte drehte den bürokratischen Schablonenmenschen, die an den Toren des deutschen Gewerkschaftsglücks grimmige Wacht halten, von Weitem lachend eine Nase. Die festen Organisationen, die als unbedingte Voraussetzung für einen eventuellen Versuch zu einem eventuellen deutschen Massenstreik im Voraus wie eine uneinnehmbare Festung umschanzt werden sollen, diese Organisationen werden in Russland gerade umgekehrt aus dem Massenstreik geboren. Und während die Hüter der deutschen Gewerkschaften am meisten befürchten, dass die Organisationen in einem revolutionären Wirbel wie kostbares Porzellan krachend in Stücke gehen, zeigt uns die russische Revolution das direkt umgekehrte Bild: Aus dem Wirbel und Sturm, aus Feuer und Glut der Massenstreiks, der Straßenkämpfe steigen empor wie die Venus aus dem Meerschaum: frische, junge, tatkräftige und lebensfrohe […] Gewerkschaften. (GW 2, 117–118)

Die revolutionären Kampfformen betreffend äußert Luxemburg hier einen Gedanken, der sich bis zum Ende, bis zu ihrem kurz vor ihrem Tod verfassten programmatischen Text *Was will der Spartakusbund?* durchhalten wird (s. weiter unten, S. 110): Luxemburg war keineswegs die »blutige Rosa«, als die sie von den reaktionären Kräften diffamiert wurde, im Gegenteil: Sie verabscheute jegliche Form von Gewalt, und ihr Anliegen war es, auch die als Reaktion auf die Repression von oben entstehende, nicht völlig zu vermeidende Gewalt zu minimieren. Die zynische Haltung Lenins, dem der oberste Zweck der Machterhaltung jedes Mittel rechtfertigte, war ihr völlig fremd. Sie meinte, innerhalb der Geschichte eine zunehmende Tendenz der Zivilisierung auch der gesellschaftsverändernden Kampfformen erkennen zu können: Während noch 1789 und 1848 blutige Barrikadenkämpfe an der Tagesordnung waren, stelle das Kampfmittel des Streiks als Ausdruck des Willens einer breiten Bewegung der Arbeiterschaft einen zivilisatorischen Fortschritt dar:

Wenn freilich die Vertreter unseres deutschen Opportunismus von »Revolution« hören, so denken sie sofort an Blutvergießen, Straßenschlachten, an Pulver und Blei, und der logische Schluss daraus ist: Der Massenstreik führt unvermeidlich zur Revolution, ergo dürfen wir ihn nicht machen. […] Allein die Revolution ist etwas anderes und etwas mehr als Blutvergießen. Im Unterschied von der polizeilichen Auffassung, die die Revolution ausschließlich vom Standpunkte der »Unordnung« ins Auge fasst, erblickt die Auffassung des wissenschaftlichen Sozialismus in der Revolution vor allem eine tiefgehende innere Umwälzung in den sozialen Klassenverhältnissen. […] Der Massenstreik ist somit die erste natürliche, impulsive Form jeder großen revolutionären Aktion des Proletariats, und je mehr die Industrie die vorherrschende Form der sozialen Wirtschaft, je hervorragender die Rolle des Proletariats in der Revolution und je entwickelter der Gegensatz zwischen Arbeit und Kapital, umso mächtiger und ausschlaggebender müssen die Massenstreiks werden. Die frühere Hauptform der bürgerlichen Revolutionen, die Barrikadenschlacht, die offene Begegnung mit der bewaffneten Macht des Staates, ist in der heutigen Revolution nur ein äußerster Punkt, nur ein Moment in dem ganzen Prozess des proletarischen Massenkampfes. (GW 2, 129–148)

Das Thema »Massenstreik« bildet in Luxemburgs theoretischer Konzeption und in ihrem konkreten Agieren in der SPD so etwas wie ein Leitmotiv. Sie nutzt sogar ihre Verteidigungsrede vor der Frankfurter Strafkammer im Jahr 1914 (s. weiter unten, S. 82) noch dazu, dem Richter ihre diesbezügliche Auffassung zu erläutern. Gerade unter dem Vorzeichen der drohenden Gefahr des Krieges und seiner möglichen Verhinderung gewinnt diese Frage eine überaus große Bedeutung und wird schließlich zum Bruch mit Karl Kautsky führen.

Wie sehr Luxemburgs Schrift die SPD, die auf ein gutes Verhältnis zu den Gewerkschaften bedacht war, vor den Kopf stieß, zeigen die drastischen Maßnahmen dagegen: Nachdem die Hamburger Sozialdemokraten die Broschüre noch rechtzeitig vor dem Mannheimer Parteitag im Jahr 1906 hatten drucken lassen, veranlasste die Parteiführung den Stopp der Verbreitung und ließ die noch vorhandenen Exemplare einstampfen. Erst mit erheblichen Textveränderungen konnte später eine Neuauflage erscheinen.

Nach dem Polen-Abenteuer kam es auch zu einer entscheidenden Veränderung in Luxemburgs Privatleben. Sie vollzog den endgültigen Bruch mit ihrem langjährigen Partner Leo Jogiches – eine Trennung, die sich längst schon abgezeichnet hatte. Von Anfang an hatte sich die Beziehung schwierig gestaltet. Nach Luxemburgs Umzug nach Berlin war Jogiches in Zürich geblieben, sodass die Partnerschaft der beiden den Großteil der Zeit über eine Fernbeziehung war. Der Briefwechsel offenbart jedoch tiefere Ursachen. Beide hatten offensichtlich recht unterschiedliche Vorstellungen von der Beziehung. Luxemburg sehnte sich durchaus nach familiärer Geborgenheit im konventionellen Sinne und hegte auch einen stark ausgeprägten Kinderwunsch. Die charakterlichen Eigenschaften von Leo Jogiches werden in den Briefen zum Teil auf befremdliche Art deutlich. Er versucht Luxemburg in kleinlicher Weise zu kontrollieren und zu dominieren und entwickelt einen ausgeprägten Neid auf ihre Erfolge. Nun, da Luxemburg die Trennung endgültig besiegelte, steigern sich diese Eigenschaften im Übermaß und arten teilweise in regelrechten Terror aus. Jogiches weigert sich, die Schlüssel zu Luxemburgs Wohnung abzugeben, taucht immer wieder auf, öffnet ihre Post und stößt sogar Morddrohungen aus, die Luxemburg in der Tat in Angst versetzen und zu Sicherheitsvorkehrungen veranlassen – bis hin zur Anschaffung einer Pistole. Es wird lange dauern, bis sich das Verhältnis der beiden zueinander so normalisiert, dass sie wieder für die gemeinsame Sache arbeiten können.

Anlass für die endgültige Trennung war, dass ein neuer Partner in Luxemburgs Leben trat: der um 15 Jahre jüngere Medizinstudent Konstantin (Kostja) Zetkin, der Sohn von Luxemburgs enger Freundin und politischer Kampfgefährtin Clara Zetkin. Als Clara Eißner wurde sie

Kostja Zetkin, der Sohn Clara Zetkins und zeitweilige Geliebte Luxemburgs, wurde in den Zwanzigerjahren Mitbegründer des Frankfurter Instituts für Sozialforschung, in dem die »Kritische Theorie« der Frankfurter Schule beheimatet war.

1857 geboren, hatte in Stuttgart als Lehrerin gearbeitet und mit dem russischen Flüchtling Ossip Zetkin zusammengewohnt. Aus dieser Beziehung gingen zwei Söhne hervor (Maxim und Kostja). Nach Ossips Tod ging Clara Zetkin eine Liaison mit dem gleichfalls wesentlich jüngeren Maler Friedrich Zundel ein. Dies trug sicher mit dazu bei, dass sie die Beziehung Luxemburgs zu ihrem Sohn billigte. Clara Zetkin hatte bereits auf dem Gründungskongress der Zweiten Internationale 1889 in Paris das entscheidende Referat zur »Frauenfrage« gehalten. Nach einer anfänglichen toleranten Haltung gegenüber bürgerlichen Frauenrechtlerinnen vertrat sie bald sehr dezidiert den Standpunkt, dass Frauen sich um ihrer eigenen Befreiung willen in den Klassenkampf integrieren müssten. Mit ihrer Zeitschrift *Die Gleichheit* bereicherte sie das sozialdemokratische Pressewesen um diesen wichtigen Aspekt. Obwohl Luxemburg dem Thema

»Die beiden letzten Männer der Sozialdemokratie«: Die Vorkämpferin für die Rechte der Frau, Clara Zetkin, war eine der engsten Freudinnen Luxemburgs.

der Emanzipation der Frau eigentümlich gleichgültig gegenüberstand – » […] ich hatte keine Ahnung von der Fülle der Tatsachen aus der Weiberwelt«, bekennt sie einmal Clara Zetkin gegenüber (GB 2, 302) –, entwickelte sich bald nach ihrer Ankunft in Berlin eine enge Freundschaft zwischen beiden, und bis in die Tage des Spartakusbundes kämpften »die beiden letzten Männer der Sozialdemokratie«, als die sie sich einmal selbst ironisch bezeichneten, gemeinsam auf dem linken Flügel der Partei. Als Luxemburg Clara Zetkin im Winter 1906 den Vorschlag machte, Kostja könne Berlin besuchen, dachte sie vermutlich nicht daran, dass sich daraus ein intimes Verhältnis entwickeln könnte, von dem die Briefe aus dieser Zeit ein anrührendes Zeugnis geben und das mehr als zwei Jahre lang das private Lebensglück Luxemburgs ausmachen sollte.

Im Juni 1907 hatte Luxemburg zunächst eine zweimonatige Haftstrafe im Berliner »Weibergefängnis« in der Barnimstraße zu verbüßen. Es sollte nicht ihr letzter Aufenthalt dort sein. Grund war eine Verurteilung wegen »Aufreizung zu Gewalttaten« auf einem Parteitag in Jena. Die juristische Grundlage dieses Urteils war höchst fragwürdig und bezog sich auf eine Passage einer Rede Luxemburgs, in der sie in einer Metapher das Wort »Blut« verwendet hatte. Ihre bedeutende Rolle in der deutschen Sozialdemokratie wurde ausdrücklich als Begründung für Urteil und Strafmaß benannt.

Ein überaus bedeutendes Ereignis auf internationaler Ebene, bei dem Luxemburg eine herausragende Rolle spielen sollte, war der Kongress der Zweiten Internationale, der zum ersten und einzigen Mal in Deutschland stattfand. Stuttgart verwandelte sich für einige Tage in das Zentrum der Arbeiterbewegung. Etwa 60 000 Menschen fanden sich auf dem Cannstatter Wasen ein, um auf eindrucksvolle Weise das Selbstbewusstsein der Arbeiterschaft zu demonstrieren. Im Mittelpunkt der Beratungen aber stand jenes Thema, das Luxemburgs Kampf »gegen die Barbarei« in den kommenden Jahren hauptsächlich bestimmen sollte: die Haltung der sozialdemokratischen Parteien zur sich immer deutlicher abzeichnenden Kriegsgefahr. Der Zerfall des Osmanischen Reiches, der für ein Machtvakuum auf dem Balkan sorgte, sowie die erste Marokkokrise des Jahres 1905 waren deutliche Vorboten für die Zuspitzung des Konflikts zwischen den europäischen Großmächten. Ironischerweise hatte Luxemburg für diesen auf deutschem Boden stattfindenden Kongress kein deutsches Mandat. Rechten Kreisen war es gelungen, die Rechtmäßigkeit eines solchen anzufechten. Sie nahm dann als Delegierte der SDKPiL teil. Die insgesamt vier Resolutionen, die dem Kongress vorlagen, spiegelten die ganze Bandbreite und Ambivalenz der internationalen Sozialdemokratie zu dieser so entscheidenden Frage wider. So wurde etwa der Kampf gegen den Militarismus mit dem Argument relativiert, er sei bloß ein Teilaspekt des Kapitalismus und werde zusammen mit diesem ohnehin verschwinden. Es wurde schließlich eine Unterkommission gebildet, und wiederum wurde versucht, Luxemburgs Mitwirkung daran zu verhindern, bis schließlich Lenin ihr eines der russischen Mandate dafür zur Verfügung stellte. Beratungsgrundlage war ein Resolutionsentwurf August Bebels, den Luxemburg gemeinsam mit Lenin und Julius Martow, dem führenden Kopf der Menschewiki, zu konkretisieren und zu verschärfen suchte. Bebel fürchtete allerdings, dass eine allzu deutliche Resolution zu einem neuerlichen Parteiverbot führen könnte. Unter Beiziehung von Juristen wurde hart um die einzelnen Formulierungen gerungen. Die entscheidende Textpassage, an deren Formulierung Luxemburg einen erheblichen Anteil hatte, lautete schließlich:

Droht der Ausbruch eines Krieges, so sind die arbeitenden Klassen und deren parlamentarische Vertretungen in den beteiligten Ländern verpflichtet, unterstützt durch die zusammenfassende Tätigkeit des Internationalen Büros, alles aufzubieten, um durch die Anwendung der ihnen am wirksamsten erscheinenden Mittel den Ausbruch des Krieges zu verhindern, die sich je nach der Verschärfung des Klassenkampfes und der Verschärfung der allgemeinen politischen Situation naturgemäß ändern. Falls der Krieg dennoch ausbrechen sollte, ist es die Pflicht, für dessen rasche Beendigung einzutreten und mit allen Mitteln dahin zu streben, die durch den Krieg herbeigeführte wirtschaftliche und politische Krise zur Aufrüttelung des Volkes auszunutzen und dadurch die Beseitigung der kapitalistischen Klassenherrschaft zu beschleunigen. (zit. nach Laschitza 1996, 280)

Bemerkenswert ist jedenfalls Luxemburgs gemeinsames Vorgehen mit Lenin, trotz aller Differenzen in anderer Hinsicht. Noch kurz zuvor, auf dem achten Parteitag der SDRAP, hatte Luxemburg den Bolschewiki die Levi-

Rosa Luxemburgs Reden begeisterten die Massen, wie hier in Stuttgart 1907.

ten gelesen und sich gegen deren »Verschwörertum und grob-revolutionäres Abenteuertum« gewandt. Im Gegensatz zu sich abzeichnenden patriotischen Tendenzen in allen sozialdemokratischen Parteien gingen sie in der Frage der Haltung angesichts der Kriegsgefahr konform. Bei aller Übereinstimmung in der Konsequenz lässt sich allerdings ein deutlicher Unterschied in der grundsätzlichen Einstellung erkennen. Luxemburgs spätere Texte machen deutlich, dass sie den Krieg schlicht für das Versinken der Zivilisation in die Barbarei hielt, während Lenin vornehmlich taktisch dachte und den Krieg vor allem unter der Perspektive sah, dass er eine revolutionäre Situation schuf.

Der Kampf gegen den Militarismus sollte in den kommenden Jahren im Mittelpunkt von Luxemburgs Engagement stehen, und die verabschiedete Resolution der Zweiten Internationale war dabei – obwohl es Bebel gelungen war, die Festlegung auf konkrete Kampfmaßnahmen im Text zu vermeiden – ein hilfreicher Bezugspunkt.

THEORIE UND PRAXIS

Im Jahr 1907 begann für Rosa Luxemburg eine äußerst fruchtbare Phase theoretischer Arbeit, der wir unter anderem ihr Hauptwerk verdanken. Im September wurde sie eingeladen, an der Reichsparteischule der SPD in Berlin Nationalökonomie zu unterrichten – eine Tätigkeit, die sie bis 1910 ausüben sollte. Dabei war Luxemburg nicht die erste Wahl. Das Angebot bekam sie deshalb, weil weder der Austromarxist Rudolf Hilferding noch der niederländische Physiker und Theoretiker des Rätekommunismus, Anton Pannekoek, die erforderliche Aufenthaltsgenehmigung bekam. An dieser Lehranstalt sollten spätere führende Persönlichkeiten innerhalb der Partei und ihrer Presseorgane ein solides theoretisches Fundament vermittelt bekommen. Für Luxemburg bedeutete die Anstellung zunächst ein sicheres Einkommen und günstige zeitliche Konditionen, die es ihr erlaubten, sich anknüpfend an ihre Zürcher Doktorarbeit in ökonomische Probleme zu vertiefen. Sie erhielt ein Salär von 3000 Reichsmark im Jahr und hatte sechs Monate im Jahr vier Doppel-Unterrichtsstunden pro Woche zu halten. Engagiert und mit einer Begeisterung, mit der sie auch ihre Schüler und Schülerinnen ansteckte, nahm Luxemburg diese Aufgabe wahr. Eine ihrer Schülerinnen, Rosi Wolfstein, vermittelt uns ein lebendiges Bild von Luxemburgs Unterrichtsmethode:

Wie sie uns zur eigenen Auseinandersetzung, zur Selbstverständigung mit den nationalökonomischen Fragen zwang? Durch Fragen! Durch Fragen und immer erneutes Fragen und Forschen holte sie aus der Klasse heraus, was nur an Erkenntnis über das, was es festzustellen galt, in ihr steckte. Durch Fragen beklopfte sie die Antwort und ließ uns selbst hören, wo und wie sehr es hohl klang, durch Fragen tastete sie die Argumente ab und ließ uns selbst sehen, ob sie schief oder gerade waren, durch Fragen zwang sie über die Erkenntnis

Lehrkörper der SPD-Parteischule in Berlin 1907/08. Dozentin Rosa Luxemburg (stehend vierte von links). August Bebel (stehend fünfter von links), Friedrich Ebert (links in der 3. Bank der rechten Bankreihe). Einer von Luxemburgs Schülern war Wilhelm Pieck, der erste Sekretär der Bremer SPD und spätere Präsident der DDR.

des eigenen Irrtums hin zum eigenen Finden einer hieb- und stichfesten Lösung. Und dies tat sie von der ersten Stunde an, wo sie noch fremdem Menschenmaterial gegenüberstand wie wir neuem Wissensgebiet. Von der ersten Stunde an begann sie uns zu quälen – wie sie selbst scherzend sagte: Was ist Nationalökonomie? Volkswirtschaftslehre! Gibt es eine Volkswirtschaft überhaupt? Ja? Worin besteht sie? Und, nachdem die Erklärung naturgemäß scheiterte: Also was gibt es dann? Eine Weltwirtschaft. Ist Nationalökonomie Weltwirtschaftslehre? Hat es immer Weltwirtschaft gegeben? Was gab es vorher? usw. usw. bis zur letzten Stunde, wo sie uns entließ mit der eindringlichen Mahnung, nichts ohne Nachprüfung anzunehmen, alles immer erneut nachzuprüfen, mit allen Problemen Fangball zu spielen, das ist's, was sein muss. (zit. nach Hirsch 1969, 72)

Man vergleiche diese zu kritischem Fragen anregende Unterrichtsmethode mit den bis heute noch üblichen »Schulungen« orthodoxer marxistischer Formationen. Gerade sie, die sich selbst als die treueste Vertreterin eines authentischen Marxismus verstand, wusste, dass man diesem nicht durch ermüdende Wiederholung, sondern nur im schöpferischen und kritischen Weiterdenken gerecht wird:

Wie die ganze Weltanschauung Marxens ist sein Hauptwerk keine Bibel, mit fertigen ein für allemal gültigen Wahrheiten letzter Instanz, sondern ein unerschöpflicher Born der Anregung zur weiteren geistigen Arbeit, zum weiteren Forschen und Kämpfen um die Wahrheit. (Mehring 2001, 355)

Zwei Werke gehen aus dieser Schaffensperiode hervor: zunächst die bereits früher als Vorlesungszyklus in Angriff genommene *Einführung in die Nationalökonomie*. Auf Luxemburgs eigene Unterrichtspraxis ist es wohl zurückzuführen, dass es ein äußerst gut lesbares, dabei analytisch tiefgründiges und mit dem für sie so typischen Humor gewürztes Werk wurde. Was den Wert dieser Schrift bis heute ausmacht, ist, dass Luxemburg den Mythos zerstört, als wäre der Kapitalismus der Geschichte letzter Schluss, das höchste Stadium einer natürlich sich vollziehenden Menschheitsgeschichte. Im Gegenteil: Die ihm zuinnerst eingeschriebene Irrationalität macht eine Disziplin wie die Nationalökonomie erst notwendig. So gibt der *Vorwärts* vom 20. Oktober 1907 Luxemburgs Ausführungen wieder:

Warum müssen wir die Nationalökonomie als besondere Wissenschaft studieren? Solange die wirtschaftlichen Verhältnisse noch einfache waren und die wirtschaftlichen Beziehungen zwischen den Menschen sich ohne Schwierigkeiten regelten, bedurften diese Beziehungen keines wissenschaftlichen Studiums. Mit dem Beginn der kapitalistischen Wirtschaftsweise ist das anders geworden. Als Begleiterscheinung dieser Wirtschaftsweise treten Krisen auf. Auch die Arbeitslosigkeit ist eine ständige Erscheinung in der heutigen Gesellschaft. Ebenso die täglichen, ja stündlichen

Preisschwankungen, durch die der eine, ohne einen Finger zu rühren, in kurzer Zeit Millionär, der andere ein Bettler wird. Diese Erscheinungen sind nicht durch die Natur gegeben, sie sind nichts Unabänderliches. Durch menschliche Einrichtungen sind sie erzeugt, sie sind Menschenwerk, und doch steht ihnen die bürgerliche Gesellschaft vollkommen ratlos gegenüber, als ob es sich um unbezwingbare Elementargewalten handelte. Wir stehen hier vor den Folgen einer anarchischen Wirtschaftsweise, die der heutigen Gesellschaft über den Kopf gewachsen ist. Das ist der Grund, weshalb wir die Verhältnisse des Wirtschaftslebens wissenschaftlich untersuchen müssen. (zit. nach Laschitza 1996, 289–290)

Luxemburg beginnt mit einer vernichtenden Kritik an den bürgerlichen Analysen von angeblich voneinander getrennten und isoliert zu betrachtenden »Nationalökonomien«. Dann liefert sie einen glänzenden wirtschaftsgeschichtlichen Abriss und zeigt, wie der technische Fortschritt in der Textilproduktion in England unter kapitalistischen Rahmenbedingungen zu Hunger, zum Amerikanischen Bürgerkrieg, zur Besetzung Ägyptens durch das britische Empire, zum Aufschwung der Textilindustrie in Lodz und damit zum Erstarken der polnischen Arbeiterklasse führte. In diesem Punkt steht Luxemburg ganz auf dem Standpunkt des *Manifests der Kommunistischen Partei*, in dem Marx und Engels nachweisen wollen, dass der Kapitalismus mit seiner atemberaubenden Produktivkraftentwicklung zugleich seinen eigenen Totengräber, das Proletariat, hervorbringt (vgl. TS, 163–192). In Auseinandersetzung mit bürgerlichen Wissenschaftlern der verschiedenen Disziplinen führt Luxemburg den Nachweis, dass der Kapitalismus ein später Irrweg der menschlichen Zivilisation ist, dass kommunistische zwischenmenschliche Verhaltens- und Wirtschaftsformen, wenn auch in primitiver Gestalt, die gesamte Menschheitsgeschichte hindurch die Norm gewesen seien. Interessanterweise führt sie hier auch Beispiele eines matriarchalischen Kommunismus an. Im letzten Teil ihrer Arbeit zeigt sie die Schranken auf, die dem Kapitalismus seiner inneren Natur nach gesetzt sind und an denen er schließlich scheitern muss. Er sei die einzige Wirtschaftsform in der Menschheitsgeschichte, der für sein eigenes Überleben einer »industriellen Reservearmee«, also der Arbeitslosigkeit, bedürfe. Aufgrund der Erschöpfung der Märkte, der widersprüchlichen Interessen der einzelnen Kapitalisten selbst und der Revolte der Ausgebeuteten werde er, so prophezeit sie, an sich selbst zugrunde gehen.

In ihrem theoretischen Hauptwerk jedoch, *Die Akkumulation des Kapitals*, in dem sie ihre »Imperialismustheorie« begründet, zeigt sie auf, warum dieser zwangsläufige Zusammenbruch des Kapitalismus noch nicht erfolgt ist. Sie knüpft an ein Problem an, das Karl Marx am Ende des zweiten Bands des *Kapital* aufwirft und für das er selbst keine befriedigende Lösung fand: das Problem der sogenannten »erweiterten Reproduktion«. Die Einzelkapitalien sind aufgrund der Konkurrenz zur stetig steigenden Kapitalakkumulation durch gesteigerte Erzielung von Mehrwert gezwungen. Woher soll aber letztlich die Nachfrage kommen, die jenen Mehrwert erst realisiert, auf den der einzelne Kapitalist angewiesen ist, um ihn zu reinvestieren? Scharfsinnig zeigt Luxemburg, dass diese Nachfrage nicht aus dem kapitalistischen Reproduktionsprozess selbst stammen könne, dass dieser vielmehr um seines Überlebens willen auf Sphären angewiesen ist, die er noch nicht durchdrungen hat. Geografisch sind dies die Kolonien in Übersee, um welche die europäischen Großmächte heftig konkurrierten. Von daher gelangt sie – auf dem Boden der Marx'schen ökonomischen Theorie und zugleich schöpferisch über ihn hinausdenkend – zu einer schlüssigen und treffsicheren Analyse der Weltsituation ihrer Zeit.

Luxemburgs grundlegendes Werk stieß weitgehend auf Ablehnung. Nicht nur die führenden deutschen sozialdemokratischen Theoretiker (Kautsky), sondern vor allem die Austromarxisten (namentlich Hilferding und Otto Bauer), aber etwa auch Lenin, dessen eigener Versuch, den *Imperialismus als höchstes Stadium des Kapitalismus* zu begreifen, vergleichsweise oberflächlich ist, übten vernichtende Kritik. Einer der wenigen, die den Stellenwert von Luxemburgs Arbeit erkannten, war Franz Mehring, der ebenfalls an der Reichsparteischule unterrichtete. Den Abschnitt über den zweiten Band des *Kapital* in seiner ersten und maßgebenden Marx-Biografie ließ er denn auch von Luxemburg schreiben. Die weitgehende Ablehnung ihrer Schrift veranlasste Luxemburg später, während ihrer Gefängnishaft im Krieg, zu einer »Antikritik« unter dem Titel *Die Akkumulation des Kapitals oder Was die Epigonen aus der Marx'schen Theorie gemacht haben*, die sie selber als prägnanter und reifer als das Werk selbst einschätzte. Deutlich wird darin, wie treffend Luxemburg die weltpolitische Lage aus ihrer ökonomischen Grundlage heraus zu erklären vermochte:

Das Kennzeichen des Imperialismus als des letzten Konkurrenzkampfes um die kapitalistische Weltherrschaft ist nicht bloß die besondere Energie und Allseitigkeit der Expansion, sondern – dies das spezifische Anzeichen, dass der Kreis der Entwicklung sich zu schließen beginnt – das Zurückschlagen des Entscheidungskampfes um die Expansion aus den Gebieten, die ihr Objekt darstellen, in ihre Ursprungsländer. Der Imperialismus führt damit die Katastrophe als Daseinsform aus der Peripherie der kapitalistischen Entwicklung nach ihrem Ausgangspunkt zurück. Nachdem die Expansion des Kapitals vier Jahrhunderte lang die Existenz und die Kultur aller nichtkapitalistischen Staaten in Asien, Afrika, Amerika und Australien unaufhörlichen Konvulsionen und dem massenhaften Untergang preisgegeben hatte, stürzt sie jetzt die Kulturvölker Europas selbst in eine Serie von Katastrophen, deren Schlussergebnis nur der Untergang der Kultur oder der Übergang zur sozialistischen Produktionsweise sein kann. (GW 5, 520–521)

Rosa Luxemburg in ihrer Berliner Wohnung 1907

Luxemburg war sich dessen bewusst, dass diese theoretische Arbeit eine entscheidende Grundlage für die praktische Ausrichtung der Politik der Sozialdemokratie sein könnte. Wissenschaftliches Arbeiten war für sie, wie auch bereits für Marx, untrennbar mit der Praxis der Emanzipation verbunden und auf sie hin orientiert:

Sollte mir der Versuch gelungen sein, dieses Problem wissenschaftlich exakt zu fassen, dann dürfte die Arbeit außer einem rein theoretischen Interesse, wie mir scheint, auch einige Bedeutung für unseren praktischen Kampf mit dem Imperialismus haben. (GW 5, 7)

Wie erfüllend es für Luxemburg selbst war, sich jenseits aller politischen Agitation wieder intensiv der Theoriearbeit widmen zu können, beschreibt sie in einem Brief an ihren engen Vertrauten Hans Diefenbach aus der Haft in der Festung Wronke:

Die Zeit, als ich die »Akkumulation« schrieb, gehört zu den glücklichsten meines Lebens. Ich lebte wirklich wie im Rausch, sah und hörte Tag und Nacht nichts als dieses eine Problem, das sich so schön vor mir entfaltete, und ich weiß nicht zu sagen, was mir höhere Freude gewährte: der Prozess des Denkens, wenn ich eine verwickelte Frage im langsamen Hinundherwandeln durch das Zimmer wälzte, aufmerksam beobachtet von der Mimi, die auf dem Tisch mit der roten Plüschdecke mit untergeschlagenen Pfötlein lag und das kluge Köpfchen nach mir hin- und herwandte, oder das Gestalten, das literarische Formen mit der Feder in der Hand. (GB 5, 234)

Nicht zuletzt aufgrund der Lehrtätigkeit Luxemburgs waren der Betrieb und die inhaltliche Ausrichtung der Reichsparteischule innerparteilich höchst umstritten und führten zu so manchem heftigen Schlagabtausch auf den Parteitagen. Insbesondere der damals zu den Hauptvertretern des Revisionismus zählende Kurt Eisner tat sich darin hervor.

Die finanzielle Absicherung und die zeitlich günstige Gestaltung ihrer Lehrtätigkeit geben Luxemburg nun auch die Möglichkeit, jenseits der Politik die kreativen Seiten ihrer Persönlichkeit zu entfalten und ein Stück Privatleben zu genießen. So entdeckt sie für sich das Malen und Zeichnen: Voll Freude und Enthusiasmus schreibt sie über die neu entdeckte Leidenschaft an ihren Geliebten, Kostja Zetkin:

Wenn du wüsstest, was ich erlebe! Ich sagte am Sonntag dem H K [Hans Kautsky, Bruder von Karl Kautsky], dass ich Ölfarben haben möchte, nun ist heute von Wertheim alles gebracht worden: Staffelei, Pinsel, Farben. Ich war toll vor Freude und fing sofort an zu malen, ganz allein, ohne jede Unterweisung. Ich habe von 1 Uhr bis jetzt (4 Uhr) immerzu gemalt, und zwar kopiere ich das Bild von Volkmann: Wogendes Kornfeld, das im Schlafzimmer hängt.

Ich will vorerst nur ausprobieren, die Farben zu mischen. Und siehe: Es geht! Ich finde keine Schwierigkeiten, die Farben herauszukriegen, die ich brauche. Ganz stolz bin ich auf den blassgrauen Himmel, den ich genau herausbekommen habe (aus vier Farben zusammen!). Das Bild ist fast fertig und gibt gute Perspektive. (GB 2, 365)

Sogar einen ausgedehnten Italienurlaub kann sich Luxemburg nun leisten, von dem uns eine an Poesie kaum zu übertreffende Beschreibung Genuas in einem Brief an Luise Kautsky überliefert ist (GB 3,21 f).

Im Jahr 1910 kam es zwischen Luxemburg und Karl Kautsky, nach jahrelanger Freundschaft und guter Zusammenarbeit innerhalb der SPD, zum Bruch. Der Streit entzündete sich am Thema »Massenstreik« im Zusammenhang mit der Durchsetzung von freien und gleichen Wahlen in Preußen. Im Gegensatz zum Deutschen Reich, das zumindest für Männer freie und gleiche Wahlen vorsah, gab es im so wichtigen, von den Hohenzollern nahezu absolutistisch regierten Preußen ein am Steueraufkommen orientiertes Dreiklassenwahlrecht. Das heißt: Die Stimmen von einer Viertel Million der reichsten Schicht zählten ebenso viel wie die Stimmen von sechs Millionen, die dem unteren Drittel angehörten. Überdies waren die Wahlen weder geheim noch direkt (Wahlmännersystem). Innerhalb der SPD war die Empörung über dieses Wahlrecht umso größer, als sie bei den Reichstagswahlen 1907, den sogenannten »Hottentottenwahlen«, herbe Verluste verkraften musste und die Strategie, über Wahlen den bürgerlichen Klassenstaat zu überwinden, sich mehr und mehr als Illusion erwies. Kaiser Wilhelm II. hatte damals den Reichstag aufgelöst, nachdem die nötigen Kredite für die Kolonien in Übersee nicht bewilligt worden waren. Bei den Neuwahlen rückte das bürgerliche Lager insgesamt so stark zusammen, dass die SPD trotz absolutem Zuwachs an Wählerstimmen stark an Mandaten verlor. Die Arbeiterklasse war alarmiert. Nachdem es auch in

Hessen zu rückwärtsgewandten Änderungen des Wahlrechts gekommen war, befürchtete man dies nicht zu Unrecht nun auch für das Deutsche Reich. Der preußische Landtag beschloss im Januar, »mit allen Mitteln« ein faires Wahlrecht erreichen zu wollen. Als der Reichskanzler Bethmann Hollweg eine völlig unzureichende Wahlrechtsreform vorlegte, bezeichnete dies der *Vorwärts* als »brutale Kriegserklärung«. Das Volk reagierte empört. Zu einer Demonstration am 6. März fanden sich trotz Verbots 150 000 Menschen im Berliner Tiergarten ein, und es kam allenthalben zu Streiks. Für Luxemburg war dies das Signal für radikalere Schritte. Sie plädierte nun dafür, in dieser Situation mit Massenstreiks zu reagieren. Immerhin sah die SPD diese als Defensivwaffe genau dann vor, wenn es freie Wahlen zu verteidigen gelte. Doch der *Vorwärts* und *Die Neue Zeit* wiesen die eingereichten Artikel zurück und verwiesen darauf, dass das Exekutivkomitee der Partei – nicht zuletzt im Hinblick auf die Reichstagswahlen 1912 – die Diskussion darüber verboten habe. Luxemburg nahm nun ihren Abschied von der Parteischule und ging auf Agitationstour. In Bremen, Kiel, Dortmund, Bochum, Herne, Elberfeld und Barmen füllte die begnadete Rednerin die Säle. Allein in Frankfurt am Main sprach sie in einem Zirkuszelt vor 7000 Teilnehmern. Karl Kautsky indessen rief in seinem Artikel *Wie weiter?* die Partei zu taktischer Zurückhaltung auf. Auf dem Parteitag in Magdeburg fehlte Kautsky – vermutlich, um die direkte Konfrontation mit Luxemburg zu vermeiden. Die Delegierten verurteilten zwar die badischen Landtagsabgeordneten, die gegen die eindeutige Beschlusslage der Partei ein Budget bewilligt hatten, konnten sich aber nicht im Sinne von Luxemburg zu einem entschlosseneren Vorgehen in der Wahlrechtsfrage durchringen.

Im Jahr 1911 kam es schließlich zum Bruch mit August Bebel. Trotz so mancher Differenzen hatte er ihr in der Vergangenheit außerordentliche Wertschätzung entgegengebracht. Auf einen Brief Victor Adlers, in dem dieser Luxemburg als »giftiges Luder« bezeichnete, das noch sehr viel Schaden anrichten werde, antwortete Bebel: »Die Rosarei ist nicht so schlimm wie du denkst. Trotz aller Giftmischerei möchte ich das Frauenzimmer in der Partei nicht missen. In der Parteischule wird sie als die beste Lehrerin von Radikalen, Revisionisten und Gewerkschaftern verehrt. Dort ist sie die Objektivität in höchster Person.« (zit. nach Piper [2]2019, 358) Nun aber spitzte sich die weltpolitische Lage im Zuge der zweiten Marokkokrise außerordentlich zu, die Weltkriegskatastrophe warf ihre Schatten voraus, und innerhalb der SPD begann sich deren künftiges konsequenzenreiches Versagen bei Kriegsausbruch abzuzeichnen. Das Deutsche Reich hatte Frankreich durch die Entsendung zweier Kanonenboote in marokkanisches Küstengewässer provoziert, um seine Ansprüche deutlich zu machen. England stellte sich entschieden auf die Seite Frankreichs, im Deutschen Reich schlugen die Wellen des Nationalismus hoch. Bebel verbrachte derweil seinen Urlaub in der Schweiz. Seine und der gesamten Parteiführung Haltung war es offensichtlich, vor den Reichstagswahlen 1912 dem politischen Gegner keinen Anlass zu bieten, die SPD einer antipatriotischen Haltung zu bezichtigen. In Frankreich und Spanien mobilisierten die Sozialisten zu Massenkundgebungen, während dies im Deutschen Reich den radikalen Kräften, namentlich Luxemburg, Liebknecht, Zetkin und Georg Ledebour, vorbehalten blieb. Die Spaltung der Partei im Verlauf des Krieges begann sich bereits abzuzeichnen. Luxemburg sprach unermüdlich auf Kundgebungen. Dass sich die Massen von Arbeitern durchaus gegen die Kriegsgefahr mobilisieren ließen, beweist eine Demonstration im September, an der sich im Treptower Park 200 000 bis 300 000 Menschen einfanden. Vor diesem Hintergrund ist das taktische Lavieren der Parteiführung umso unbegreiflicher.

Camille Huysmans vom Internationalen Sozialistischen Büro fragte an, ob man in der zugespitzten Situation nicht zusammentreten solle, um ein koordiniertes Vorgehen der sozialdemokratischen Parteien zu gewährleisten. Hermann Molkenbuhr, der in Bebels Abwesenheit die Geschäfte des Parteivorstands erledigte, wiegelte ab. Es bestehe keine wirkliche Kriegsgefahr. Rosa Luxemburg, die ebenfalls Mitglied des Internationalen Sozialistischen Büros war, hatte Kenntnis von dem Vorgang und machte ihn in der *Leipziger Volkszeitung* öffentlich. Ihre Gegner hatten nun Munition, beschuldigten sie der Indiskretion, da sie interne Vorgänge veröffentlicht habe, und es wurden sogar Rufe nach ihrem Parteiausschluss laut.

Endlich reagierte der Parteivorstand im August mit einem Flugblatt, das auf Luxemburgs scharfe Kritik stieß. Der Kolonialismus werde darin keiner grundsätzlichen Kritik unterzogen, vielmehr bemühe man lediglich das Argument, dass er sich nicht lohne – selbst für die Besitzenden. Kein Wort verliere man, so Luxemburg, zu den eigentlichen Opfern des Kolonialismus, zum periodischen Hungertyphus in Indien, zur Ausrottung der Indigenen in Australien und zur »Nilpferdpeitsche auf dem Rücken der ägyptischen Fellahs«. Was Luxemburg nicht wusste, als sie diese harsche Kritik veröffentlichte: Das Flugblatt stammte aus der Feder von Karl Kautsky, was das Zerwürfnis beider noch vertiefte. Auf dem Parteitag in Jena sollte sich zeigen, wie sehr der Bazillus des Patriotismus bereits in die SPD eingedrungen war und wie unangemessen mutlos die Parteiführung angesichts der sich abzeichnenden Kriegskatastrophe reagierte. Eine von Bebel eingebrachte Resolution sprach nur ganz allgemein von der Kriegsgefahr, ohne – so Luxemburgs Kritik – den Zusammenhang zum Kolonialismus und damit zur kapitalistischen Wirtschaftsweise insgesamt herzustellen. In einem Artikel in der *Gleichheit* hatte sie selbst in brillanter Polemik auf die ursächliche Verknüpfung der Interessen der Bourgeoisie und der Kriegsgefahr aufmerksam gemacht:

Heute erhitzen sich dieselben Staatsmänner und dieselben Parlamente für ein kolonialpolitisches Abenteuer, das die Völker dicht an den Rand des Abgrundes eines Weltkrieges bringt, und der feinsinnige Chor in Deutschland begeistert sich ebenso für dieses kriegsschwangere Abenteuer wie früher für die Friedensdeklamationen. Dieser plötzliche Szenenwechsel zeigt wieder einmal, dass Abrüstungsvorschläge und Friedenskundgebungen der kapitalistischen Welt nichts anderes sein können als gemalte Kulissen, die zuweilen in den Kram der politischen Komödie passen mögen, die aber zynisch auf die Seite geschoben werden, wenn das Geschäft ernst wird. Von dieser kapitalistischen Gesellschaft irgendwelche Friedenstendenzen erhoffen und im Ernst auf sie bauen wäre für das Proletariat die törichste Selbsttäuschung, der es anheimfallen könnte. (GW 3, 22 f)

Die Schar derer, die angesichts der Kriegsgefahr eine entschlossenere Haltung einforderten, war auf dem Parteitag marginalisiert. Luxemburg selbst wurde von Bebel, der den Vorsitz führte, immer wieder unterbrochen. Zu der Gruppe radikaler Kriegsgegner gehörte einer, der bislang offensichtlich kaum von Luxemburg wahrgenommen worden war, nun aber bis zu beider Ermordung einer ihrer wichtigsten Verbündeten sein sollte: *Karl Liebknecht*, der Sohn eines der Gründer der SPD, Wilhelm Liebknecht. Der brillante Rechtsanwalt hatte 1904 für einiges Aufsehen gesorgt, als es ihm gelang, den Freispruch von neun deutschen Sozialisten zu erreichen, die beschuldigt worden waren, antizaristische Propaganda nach Russland geschmuggelt zu haben. Der spätere Reichstagsabgeordnete, der im Parlament bald die Initialzündung zur Sammlung von Kriegsgegnern gab, versuchte, insbesondere mithilfe der jungen Generation innerhalb der SPD, eine antimilitaristische Bewegung aufzubauen. Luxemburg hatte bis dahin keine allzu hohe Meinung von ihm. Viel grundsätzlicher als Luxemburg vertrat Liebknecht in seiner Schrift *Militarismus und*

Karl Liebknecht: »Der Hauptfeind des deutschen Volkes steht in Deutschland: der deutsche Imperialismus.«

Antimilitarismus (1907) die Sichtweise, dass Krieg durch die gesamte Geschichte hindurch die Begleiterscheinung von Klassengesellschaften sei, während Luxemburg dazu tendierte, den Krieg vor allem mit dem fortgeschrittenen Stadium des Kapitalismus in Verbindung zu bringen. Die Streitkräfte waren für ihn nicht nur ein Instrument nationalstaatlicher Aggression nach außen und Unterdrückungsinstrument einer Klassengesellschaft nach innen, er hatte auch einen scharfen Blick für die militaristische Mentalität, die sie hervorbrachten. Von der Parteiführung wurden Liebknechts Versuche, vor allem die Jugend für seine grundsätzliche antimilitaristische Haltung zu gewinnen, harsch unterbunden.

DER KATASTROPHE ENTGEGEN

Die Großbanken, die Militärs und die Rüstungsindustrie ließen vermutlich die Sektkorken knallen, als die Reichstagsfraktion der SPD am 30. Juni 1913 erstmals Steuer-erhöhungen zustimmte, die der Vergrößerung der Armee dienten. Die sogenannte »Heeresvorlage« als solche lehnte sie zwar ab, aber der Vermögenszuwachssteuer, die ausdrücklich der Aufstockung der Armee um über 100 000 Mann dienen sollte, gab sie zusammen mit den Nationalliberalen ihre Zustimmung – mit der Rechtfertigung, es sei dies insgesamt der Einstieg in eine progressive Einkommenssteuer. Lediglich Karl Liebknecht zeigte im Reichstag den Zusammenhang zwischen Profitinteressen, Aufrüstung und Kriegspropaganda auf. Die dereinst von Bebel ausgegebene Parole »Diesem System keinen Mann und keinen Groschen« galt fortan nicht mehr. Die Partei hatte sich trotz aller internationaler Antikriegsbeschlüsse dazu hergegeben, das begonnene Wettrüsten, das schließlich in die Katastrophe des Krieges münden sollte, mitzutragen. Den einmal betretenen Pfad konnte sie nun schwer wieder verlassen. Die spätere Zustimmung zu den Kriegskrediten war hier bereits grundgelegt. Luxemburg hat genau dies klar erkannt. Auf dem Parteitag in Jena äußerte sie die Befürchtung, die sich dann später bewahrheiten sollte:

[...] wenn der Krieg ausbricht und wir an dieser Tatsache nichts mehr ändern können und wenn dann die Frage kommt, ob die Kosten durch indirekte oder direkte Steuern zu decken sind, dass Sie dann folgerichtig für die Bewilligung der Kriegskosten eintreten. (GW 3, 341)

Luxemburg setzte nach wie vor darauf, dass das europäische Proletariat bei einem Kriegsausbruch mit Massenstreiks reagieren würde. In zahlreichen Kundgebungen warb sie für diese Position. Im Kriegsfall habe für die Arbeiter zu gelten: »Nein, auf unsere Brüder schießen wir nicht!« In diesem Sinne trat sie Ende September auch in Hanau, Fechenheim (bei Frankfurt a. M.) und Frankfurt-Bockenheim als Rednerin auf. Redakteure der national gesinnten evangelischen Zeitung *Frankfurter Warte* denunzierten Luxemburg anlässlich dieser Kundgebungen bei der Staatsanwaltschaft, die daraufhin tatsächlich ein Ermittlungsverfahren einleitete. Am 20. Februar 1914 kam es zum Prozess vor der Frankfurter Strafkammer. Die Anklage lautete auf »Aufforderung zum Ungehorsam gegen Gesetze und gegen Anordnungen der Obrigkeit«. Im Lauf des Prozesses wurde deutlich, dass Luxemburg inzwischen als »Staatsfeindin Nr. 1« galt, was Urteil und Strafmaß wesentlich beeinflusste. Entlarvend war die Einschätzung des Staatsanwalts, dass der Tatvorwurf gegen Luxemburg ein »Attentat auf den Lebensnerv unseres Staates« darstelle. Ihre Rechtsbeistände waren Paul Levi und Kurt Rosenbaum. Levi betonte vor allem, dass nach geltendem Recht keine Gesinnung, sondern lediglich die Tat geahndet werden dürfe. Luxemburg selbst nutzte die Gelegenheit, um in einer brillanten Verteidigungsrede (im vollen Wortlaut wiedergegeben in Luxemburg 2018, 80–95), gestützt auf die Beschlusslage der Zweiten Internationale, eine authentische sozialdemokratische Position zu Militarismus und Krieg zu entfalten. Den Vorwurf der Hetze gibt Luxemburg, die schon einmal wegen »Majestätsbeleidigung« eine Haftstrafe zu verbüßen hatte (s. weiter oben, S. 49), geschickt an die richtige Adresse zurück, nämlich an Kaiser Wilhelm II. höchstselbst:

Der Herr Staatsanwalt hat mehrmals wiederholt, dass ich die Tausende meiner Zuhörer, schon bevor jene inkriminierte Äußerung gefallen ist, die den Höhepunkt meiner Rede gebildet haben soll, »maßlos aufgehetzt« hätte. Darauf erkläre ich: Herr Staatsanwalt, wir Sozialdemokraten hetzen überhaupt nicht auf! Denn was heißt »hetzen«?

Habe ich etwa den Versammelten einzuschärfen versucht: Wenn ihr im Kriege als Deutsche in Feindesland, zum Beispiel nach China, kommt, dann haust so, dass kein Chinese nach hundert Jahren wagt, einen Deutschen mit scheelem Blick anzusehen? Hätte ich so gesprochen, dann wäre das allerdings eine Aufhetzung. Oder habe ich vielleicht den versammelten Massen den nationalen Dünkel, den Chauvinismus, die Verachtung und den Hass für andere Rassen und Völker aufzustacheln gesucht? Das wäre allerdings eine Aufhetzung gewesen. (Luxemburg 2018, 82; GW 3, 396).

Sie hingegen habe Aufklärung betrieben. Ihre Argumentation ist schlüssig. Ein Aufruf an die Soldaten, den Gehorsam zu verweigern, wie es die Anklage behauptete, würde ja die Anerkennung der Tatsache bedeuten, dass die Staatsmacht auf dem Kadavergehorsam als ihrem Fundament beruhe. Entscheidend aber sei der Wille der Mehrheit des Volkes! Luxemburg nutzt die Gelegenheit, um noch einmal ihre Position zum Massenstreik zu erläutern, der eben nichts mit blutigen Umstürzen zu tun habe, sondern in dem sich der »klar geformte Wille der arbeitenden Massen« artikuliere. So lautet denn auch die entscheidende Passage in ihrer Rede:

Wir sind der Auffassung, dass Kriege nur dann und nur so lange geführt werden können, als die arbeitende Masse sie entweder begeistert mitmacht, weil sie sie für eine gerechte und notwendige Sache hält, oder wenigstens duldend erträgt. Wenn hingegen die große Mehrheit des werktätigen Volkes zu der Überzeugung gelangt – und in ihr diese Überzeugung, dieses Bewusstsein zu wecken, ist gerade die Aufgabe, die wir Sozialdemokraten uns stellen – wenn, sage ich, die Mehrheit des Volkes zu der Überzeugung gelangt, dass Kriege eine barbarische, tief unsittliche, reaktionäre und volksfeindliche Erscheinung sind, dann sind Kriege unmöglich geworden … (Luxemburg 2018, 87; GW 3, 400).

Luxemburg nutzt, nachdem sie ausführlich die Haltung und Beschlüsse der Zweiten Internationale für den Kriegsfall referiert hat, die Steilvorlage der Staatsanwaltschaft, die das »Gespenst des Massenstreiks« heraufbeschworen hatte, noch einmal, um ihre Auffassung von dieser zentralen Kampfform darzustellen:

Ja, der Massenstreik! sagt der Staatsanwalt. Gerade hier glaubt er mich wieder bei meiner gefährlichsten, staatserschütternden Absicht gepackt zu haben. Der Staatsanwalt stützte heute seine Anklage ganz besonders durch die Hinweise auf meine Massenstreikagitation, an die er die schauerlichsten Perspektiven eines gewaltsamen Umsturzes knüpfte, wie sie eben nur in der Fantasie eines preußischen Staatsanwalts ihr Dasein führen. Herr Staatsanwalt, wenn ich bei Ihnen die geringste Fähigkeit voraussetzen könnte, auf die Gedankengänge der Sozialdemokratie, auf die edlere historische Auffassung eingehen zu können, so würde ich Ihnen auseinandersetzen, was ich in jeder Volksversammlung mit Erfolg darlegte, dass Massenstreiks als eine bestimmte Periode der Entwicklung der heutigen Verhältnisse nicht »gemacht« werden, so wenig wie die Revolutionen »gemacht« werden. Die Massenstreiks sind eine Etappe des Klassenkampfes, zu der allerdings unsere heutige Entwicklung mit Naturnotwendigkeit führt. Unsere, der Sozialdemokratie, ganze Rolle ihnen gegenüber besteht darin, diese Tendenz der Entwicklung der Arbeiterklasse zum Bewusstsein zu bringen, damit die Arbeiter auf der Höhe ihrer Aufgabe sind, als eine geschulte, disziplinierte, reife, entschlossene und tatkräftige Volksmasse. (Luxemburg 2018, 93–94; GW 3, 404–405).

Zuletzt reagiert sie mit dem ihr eigenen unerschrockenen Selbstbewusstsein auf den Antrag der Staatsanwaltschaft auf sofortige Inhaftierung wegen Fluchtgefahr:

Rosa Luxemburg mit ihren Anwälten Kurt Rosenbaum und Paul Levi, ihrem späteren Geliebten, vor dem Landgericht Moabit

Zum Schluss nur noch ein Wort zu dem unqualifizierten Angriff, der auf seinen Urheber zurückfällt.
Der Staatsanwalt hat wörtlich gesagt – ich habe es mir notiert: er beantrage meine sofortige Verhaftung, denn »es wäre ja unbegreiflich, wenn die Angeklagte nicht die Flucht ergreifen würde«. Das heißt mit anderen Worten: Wenn ich, der Staatsanwalt, ein Jahr Gefängnis abzubüßen hätte, dann würde ich die Flucht ergreifen. Herr Staatsanwalt, ich glaube Ihnen, Sie würden fliehen. Ein Sozialdemokrat flieht nicht. Er steht zu seinen Taten und lacht Ihrer Strafen. Und nun verurteilen Sie mich! (Luxemburg 2018, 95; GW 3, 406).

Luxemburg wird schließlich zu einer Haftstrafe von einem Jahr verurteilt. Die Revision wurde zurückgewiesen, doch erst acht Monate später, am 22. Oktober 1915, wird sie die Strafe tatsächlich antreten.

Die verbleibende Zeit in Freiheit nutzt Luxemburg zu weiterer Agitation. Die Verurteilung in Frankfurt hatte ihre Popularität nur noch gesteigert, und so war der

Zulauf zu ihren Veranstaltungen umso größer. Bald sollte ihr ein außerordentlicher Triumph gegen den Militarismus gegönnt sein. In einer Rede in Freiburg hatte sie die Soldatenmisshandlungen angeprangert, die damals gang und gäbe waren. Der Strafantrag des Kriegsministers folgte auf den Fuß. Luxemburg aber erkannte sofort, dass er sich damit nur selbst ein Bein gestellt hatte, dass ein Prozess die einmalige Gelegenheit darstellen würde, gestützt auf reichlich vorhandenes Beweismaterial eben jene Misshandlungen der Öffentlichkeit gegenüber aufzudecken. An ihren Anwalt Paul Levi, mit dem sie inzwischen auch privat liiert war, schreibt sie in diesem Sinne triumphierend:

Liebling, denk dir, wie famos! Es ist ein Strafantrag des Kriegsministers von Falkenhayn wegen Beleidigung des Offiziers- und Unteroffizierscorps, weil ich in der Freiburger Versammlung am 7. März gesagt habe, die Soldatenmisshandlungen stehen auf der Tagesordnung und die »Vaterlandsverteidiger« werden mit Füßen getreten. […] Ich habe natürlich zugegeben, die Äußerungen getan zu haben, und zwar, um den Leuten den Rückzug abzuschneiden. Die Kerle sind wohl von allen guten Geistern verlassen. Denk dir, was man alles bei einer solchen Verhandlung an Material ausbreiten und wiedergutmachen kann, was unsere Esel im Reichstag versäumt haben! (GB 5, 435–436).

Man hatte tatsächlich Mühe, ohne Gesichtsverlust aus dieser Sache wieder herauszukommen, zumal die Angelegenheit inzwischen erhebliche öffentliche Resonanz erfahren hatte, selbst in der bürgerlichen Presse. Durch allerlei Winkelzüge versuchte man der drohenden Blamage zu entgehen, bis der preußische Kriegsminister schließlich am 4. August, am selben Tag also, als die Reichstagsfraktion der SPD die Kriegskredite bewilligte, den Strafantrag gegen Luxemburg zurückzog.

Karikatur aus *Der wahre Jacob* zum Prozess gegen Luxemburg: In Wahrheit sitzt der Militarismus auf der Anklagebank!

Als Lenin die Nummer des *Vorwärts* in Händen hielt, die von der Zustimmung der sozialdemokratischen Reichstagsabgeordneten zu den Kriegskrediten berichtete, traute er seinen Augen nicht und hielt die Zeitung gar für eine Fälschung! Dabei hatte sich der »Sündenfall« der SPD schon lange abgezeichnet. August Bebel selbst hatte bereits im Jahr 1904 in einer Reichstagsrede formuliert:

Sie können künftig keinen siegreichen Krieg ohne uns schlagen […] Wenn Sie siegen, siegen Sie mit uns und nicht gegen uns […] Wenn der Krieg ein Angriffskrieg werden sollte, ein Krieg, in dem es sich dann um die Existenz Deutschlands handelte, dann – ich gebe Ihnen mein Wort – sind wir bis zum letzten Mann und selbst die Ältesten unter uns bereit, die Flinte auf die Schulter zu nehmen und unseren deutschen Boden zu verteidigen […]. (Kurz 1999, 339)

Bereits am 1. August hatte die Parteiführung die Arbeiter nun zur Besonnenheit aufgerufen. Angesichts eines »Verteidigungskrieges gegen Russland« galt im Deutschen Reich der »Burgfriede«, der alle internen Konflikte der Vaterlandsverteidigung unterordnete. Innerhalb der Reichstagsfraktion sorgte zunächst Karl Liebknecht – seit 1912 Abgeordneter – für einen Eklat, weil er bei der Probeabstimmung mit »Nein« votierte. Bei der eigentlichen Abstimmung im Reichstag unterwarf er sich – zum letzten Mal – der Fraktionsdisziplin. Natürlich wäre das Verweigern der Zustimmung für die SPD, die sich in der Minderheit befand, ein symbolischer Akt gewesen. Einer mutigeren SPD-Führung insgesamt wären jedoch durchaus andere Mittel zu Gebote gestanden. Dass sich die Arbeiter durchaus gegen den Krieg mobilisieren ließen, bewiesen die Antikriegskundgebungen am 28. Juli, an denen in mehreren Großstädten insgesamt mehr als 100 000 Menschen teilnahmen. In Österreich resignierte Victor Adler hingegen vor der patriotischen Stimmung innerhalb seiner Partei. Jean Jaurès wurde ermordet, und die Zweite Internationale war faktisch am jeweiligen Patriotismus der sozialdemokratischen Parteien zerbrochen.

Rosa Luxemburg selbst war verzweifelt. Sie dachte sogar daran, aus Protest gegen den Krieg einen Suizid zu begehen. Unter anderem Clara Zetkin hielt sie davon ab. Noch am Abend des 4. August fand sich eine kleine Schar sozialdemokratischer Kriegsgegner in Rosa Luxemburgs Wohnung ein, unter ihnen Franz Mehring, Julian Marchlewski und Wilhelm Pieck, und so bildete sich die kleine *Gruppe Internationale*, die als zunächst verschwindende Minderheit innerhalb der Partei den Kampf gegen den Kriegskurs aufnahm und aus der später die Spartakusgruppe, der Spartakus-Bund und schließlich die KPD werden sollte.

Liebknecht versuchte indessen in der Fraktion die Opposition gegen den Krieg zu organisieren. Mit seinen *Novemberthesen* wollte er die Kriegsgegner dazu bewegen, bei der nächsten Gelegenheit auch offen die Zustimmung zu weiteren Krediten zu verweigern. Als es am 2. Dezember zu einer neuerlichen Abstimmung über die Bewilligung von Kriegskrediten kam, war er allerdings der einzige, der im Reichstag sitzen blieb. Eine entsprechende Erklärung seines Abstimmungsverhaltens durfte er nur schriftlich einreichen. Sie begann mit den Worten:

Dieser Krieg, den keines der beteiligten Völker selbst gewollt hat, ist nicht für die Wohlfahrt des deutschen Volkes oder eines anderen Volkes entbrannt. Es handelt sich um einen imperialistischen Krieg, einen Krieg um die kapitalistische Beherrschung des Weltmarkts, um die politische Beherrschung wichtiger Siedlungsgebiete für das Industrie- und Bankkapital. (Zit. nach Pieper [2]2019, 478–479)

Im Lauf des Krieges allerdings sollte sich der Widerstand verstärken. Eine von der Fraktion wegen abweichenden Abstimmungsverhaltens ausgeschlossene Gruppe formierte sich 1916 zur Sozialdemokratischen Arbeitsgemeinschaft (SAG), aus der dann die USPD, die Unabhängigen Sozialdemokraten, hervorgehen sollten. Trotz der Zusammenarbeit mit den Spartakisten nannte Luxemburg diese Formation allerdings recht verächtlich den »Sumpf«. Nicht die grundsätzliche Ablehnung des Krieges, sondern lediglich die Frage um die Legitimität von Annexionen hatte schließlich zur Abspaltung geführt. Im Übrigen war es interessant zu beobachten, wie sich bereits zu Kriegsbeginn die alten Fronten innerhalb der SPD aufzulösen begannen. Gerade die führenden »Revisionisten« Eduard Bernstein und Kurt Eisner nahmen eine radikalpazifistische Haltung ein, wohingegen viele Linke den Krieg mit fragwürdigen »marxistischen« Argumenten rechtfertigten.

Am 18. Februar 1915 wurde Luxemburg rechtswidrig und in brutaler Weise verhaftet, um ihre in Frankfurt seinerzeit verhängte Haftstrafe zu verbüßen. Ohne Vorankündigung und obwohl aus gesundheitlichen Gründen ein Antrag auf Haftverschonung gestellt war, und ohne auch nur das Nötigste packen zu können, zerrten sie zwei Polizeibeamte aus ihrer Wohnung. Sie wurde schließlich ins »Königlich-Preußische Weibergefängnis« verbracht, das ihr bereits vertraut war und wo sie auf den Tag genau ein Jahr inhaftiert blieb. Sie selbst schildert die Umstände ihrer Verhaftung in einem Brief an ihre Vertraute Mathilde Jacob mit einer erstaunlichen Portion gelassenen Humors und Selbstironie:

Seien Sie um mich ganz ruhig, es geht mir gesundheitlich und »gemütlich« ganz gut. Auch der Transport im »grünen Wagen« hat mir keinen Schock verursacht, hab' ich doch schon genau die gleiche Fahrt in Warschau durchgemacht. Ach, es war so frappant ähnlich, dass ich auf verschiedene heitere Gedanken kam. Freilich war auch ein Unterschied: Die russischen Gendarmen haben mich als »Politische« mit großem Respekt eskortiert, die Berliner Schutzleute hingegen erklärten mir, es sei »schnuppe«, wer ich sei, und steckten mich mit neun »Kolleginnen« in einen Wagen. Na, das sind alles Lappalien schließlich, und vergessen Sie nie, dass das Leben, was auch kommen mag, mit Gemütsruhe und Heiterkeit zu nehmen ist. Diese besitze ich nun auch hier in dem nötigen Maße. Damit Sie übrigens keine übertriebene Vorstellung von meinem Heldentum bekommen, will ich reumütig bekennen, dass ich in dem Augenblick, wo ich zum zweiten Mal an jenem Tage mich aufs Hemd ausziehen und betasten lassen musste, mit knapper Not die Tränen zurückhalten konnte. (GB5, 47)

Aus dem Gefängnis heraus setzte Luxemburg ihre Tätigkeit für die kleine Gruppe von Kriegsgegnern fort. Zusammen mit Franz Mehring gab sie die erste – und einzige – Nummer der Zeitschrift heraus, die der Gruppe den Namen gab: *Die Internationale. Eine Monatsschrift für Praxis und Theorie des Marxismus.* Nicht nur den

Herausgebern, sondern unter anderem auch Clara Zetkin trug dies eine Anklage wegen Hochverrats ein. Vor allem aber hatte Luxemburg im Auftrag der Gruppe *Leitsätze über die Aufgaben der internationalen Sozialdemokratie* entworfen und den Auftrag erteilt bekommen, diese Leitsätze in Form einer größeren Abhandlung zu begründen. Unter dem Pseudonym »Junius« entstand im Gefängnis ihr Traktat über *Die Krise der Sozialdemokratie*, bekannt geworden als »Junius-Broschüre«. Die *Leitsätze* enthielten eine schonungslose Kritik der Sozialdemokratie (die allerdings eher wie die Anklage subjektiven Versagens klingt und das Augenmerk kaum auf die strukturelle Seite lenkt) und Grundlinien für den Aufbau einer neuen Internationale, die nun im Vergleich zu den sozialdemokratischen Parteien der einzelnen Länder die entscheidende Instanz sein sollte. Die Junius-Broschüre ist eine der ersten Analysen der Ursachen des Ersten Weltkriegs überhaupt und bis heute eine wichtige historische Quelle. Auf wenigen Seiten verstand sie es,

> *[…] den Gang der Entwicklung mithilfe einer sozialökonomischen und politischen Analyse treffend zu schildern und vorherzubestimmen. Sie zerstörte – nur acht Monate nach Kriegsbeginn – die beiderseitigen Legenden vom Verteidigungskrieg und entlarvte deutscherseits die Beherrschung der Türkei als das uneingestandene Ziel eines imperialistischen Angriffskriegs.* (Hirsch 1969, 105)

Luxemburg analysiert scharfsinnig die unterschiedlichen imperialistischen Interessen der beteiligten Länder, auch den spezifischen Anteil des Deutschen Reichs, und zeigt auf, dass der imperialistische Expansionsdrang sich konsequent aus der kapitalistischen Produktionsweise als dessen letztem Stadium ergibt und wie die Brutalität gegenüber den kolonialisierten Ländern nun auf die europäischen Imperialmächte selbst zurückschlägt. Der Mord wird zum Selbstmord.

Die »Kulturwelt«, welche gelassen zugesehen hatte, als derselbe Imperialismus Zehntausende Hereros dem grausigsten Untergang weihte und die Kalahariwüste mit dem Wahnsinnsschrei Verdurstender, mit dem Röcheln Sterbender füllte, als in Putumayo binnen zehn Jahren vierzigtausend Menschen von einer Bande europäischer Industrieritter zu Tode gemartert, der Rest eines Volkes zu Krüppel geschlagen wurde, als in China eine uralte Kultur unter Brand und Mord von der europäischen Soldateska allen Gräueln der Vernichtung und der Anarchie preisgegeben ward, als Persien ohnmächtig in der immer enger zugezogenen Schlinge der fremden Gewaltherrschaft erstickte, als in Tripolis die Araber mit Feuer und Schwert unter das Joch des Kapitals gebeugt, ihre Kultur, ihre Wohnstätten dem Erdboden gleichgemacht wurden – diese »Kulturwelt« ist erst heute gewahr geworden, dass der Biss der imperialistischen Bestien todbringend, dass ihr Odem Ruchlosigkeit ist. Sie hat es erst bemerkt, als die Bestien ihre reißenden Pranken in den eigenen Mutterschoß, in die bürgerliche Kultur Europas krallten. (GW 4, 161)

Luxemburg sieht auch sehr klar, dass ein Abschlachten von solcher Dimension nur aufgrund einer entsprechenden mentalen Zurüstung der Menschen möglich ist:

Der Krieg ist ein methodisches, organisiertes, riesenhaftes Morden. Zum systematischen Morden muss aber bei normal veranlagten Menschen erst der entsprechende Rausch erzeugt werden. Dies ist seit jeher die wohlbegründete Methode der Kriegführenden. Der Bestialität der Praxis muss die Bestialität der Gedanken und der Gesinnung entsprechen, diese muss jene vorbereiten und begleiten. (GW 4, 64)

Und schließlich formuliert Luxemburg im Anschluss an Friedrich Engels die Alternative, vor der die menschliche Zivilisation steht:

Dieser Weltkrieg – das ist ein Rückfall in die Barbarei. Der Triumph des Imperialismus führt zur Vernichtung der Kultur – sporadisch während der Dauer eines modernen Krieges und endgültig, wenn die nun begonnene Periode der Weltkriege ungehemmt bis zur letzten Konsequenz ihren Fortgang nehmen sollte. Wir stehen also heute, genau wie Friedrich Engels vor einem Menschenalter, vor vierzig Jahren, voraussagte, vor der Wahl: entweder Triumph des Imperialismus und Untergang jeglicher Kultur, wie im alten Rom, Entvölkerung, Verödung, Degeneration, ein großer Friedhof. Oder Sieg des Sozialismus, das heißt der bewussten Kampfaktion des internationalen Proletariats gegen den Imperialismus und seine Methode: den Krieg. (GW 4, 62)

Darüber hinaus nutzt Luxemburg die Zeit der Haft für theoretische Arbeit. Sie verfasst ihre Replik auf die Kritik, die ihr das Buch *Die Akkumulation des Kapitals* eingebracht hatte (s. weiter oben S. 69 f), und bereitet die Veröffentlichung ihrer *Einführung in die Nationalökonomie* vor (s. weiter oben S. 67).

Eine Luxemburg nahestehende Person sollte von der Zeit dieser Inhaftierung an bis zum Ende des Krieges besondere Bedeutung erlangen: Mathilde Jacob. Die Stenotypistin und Übersetzerin hatte bereits seit 1913 für Luxemburg als Sekretärin gearbeitet und war anfangs politisch wenig interessiert. Aufgrund des besonderen Vertrauensverhältnisses der beiden Frauen aber war sie es schließlich, die für Luxemburgs Kontakt zur Außenwelt sorgte, Briefe und Dokumente schmuggelte, sich um die privaten Belange – nicht zuletzt um Luxemburgs geliebte Katze »Mimi« – kümmerte etc. Die erhaltenen Briefe geben einen Eindruck von der Freundschaft beider Frauen.

Über das Politische hinaus soll hier nicht unerwähnt bleiben, dass gerade während der Zeit ihrer verschiedenen Gefängnisaufenthalte beeindruckende Aspekte von

»Die Welt ist so schön bei allem Graus ...«: Blatt aus einem der Botanisierhefte Luxemburgs

Luxemburgs Persönlichkeit in den Vordergrund rückten, von denen ihre Briefe aus den verschiedenen Haftanstalten ein beredtes Zeugnis geben. Im Berliner Gefängnis legt Luxemburg Herbarien an (seit 1913 schon hat sie dieser Leidenschaft gefrönt), um die sich Mathilde Jacob, die Luxemburgs Interesse für Botanik teilt, rührend kümmert. In Schilderungen von Alltagsszenen äußert sich Luxemburgs Lebenshunger und Lebensfreude. Und schließlich zeigt sich ihre besondere Sensibilität für alle Naturschönheiten sowie für das Leiden aller empfindsamen Lebewesen. Detaillierte Schilderungen über die Pflanzenwelt und das Vogelgezwitscher, aber auch der

Tieren zugefügten Qual sind Zeugnisse ihres besonderen Empathievermögens. Eines der bekanntesten Dokumente hierfür ist der sogenannte »Büffelbrief« an ihre enge Freundin Sonja Liebknecht (die recht junge, zweite Frau Karl Liebknechts) aus dem Gefängnis in Breslau (vgl. Luxemburg 2018, 163–178).

Als Luxemburg schließlich am 18. Februar 1916 aus der Haft entlassen wurde, empfing sie eine jubelnde Menschenmenge mit Hochrufen und Blumen. Der Vorstand der Partei, der sie immer noch angehörte, würdigte das Ereignis mit keinem Wort. Kein Wunder, begann doch ihr eigener Beitrag im Heft *Die Internationale* mit dem Satz: »Am 4. August 1914 hat die deutsche Sozialdemokratie politisch abgedankt …« (GW 4, 20). Das kleine Häuflein der Gruppe Internationale war inzwischen noch mehr zusammengeschrumpft. Die meisten ihrer Mitglieder saßen im Gefängnis. Auch Clara Zetkin war in Karlsruhe in Untersuchungshaft gekommen. Andere, wie etwa Paul Levi, waren eingezogen worden. Einzig der in konspirativem Verhalten geübte Leo Jogiches hatte es sehr geschickt verstanden, den Fängen von Justiz und Polizei zu entgehen. Auf ihm lastete nun der wesentliche Teil der Arbeit. Vor allem sollte er sich um Produktion und Vertrieb der bis Kriegsende regelmäßig erscheinenden *Spartakus-Briefe* kümmern.

Während der paar Monate in Freiheit war Luxemburg wieder die zentrale Bezugsperson der kleinen Schar, der es immerhin gelang, mitten im Krieg eine erfolgreiche Massenaktion durchzuführen. »Auf zur Maifeier« war ein von Karl Liebknecht verfasstes Flugblatt überschrieben. Der traditionelle Kampftag der Arbeiterklasse sollte für eine kraftvolle Friedenskundgebung genutzt werden. In ganz Berlin kursierten kleine, maschinengeschriebene Zettel mit dem Aufruf, sich am Potsdamer Platz unter der Parole »Brot, Freiheit, Frieden« einzufinden. Etwa 10 000 Menschen folgten dem Aufruf. Karl Liebknecht wurde sofort verhaftet. Vergeblich bemühte sich Rosa Luxemburg darum, dass Mitglieder der SPD seine Freilassung erwirkten. Auch Julian Marchlewski kam in Sicherheitshaft. Andere Mitglieder der kleinen Gruppe erhielten Redeverbot. Liebknecht wurde natürlich auch das Abgeordnetenmandat entzogen. Als schließlich am 28. Juni der Prozess gegen den des Hochverrats Angeklagten begann, kam es zu den ersten Massenstreiks während des Krieges. Allein in Berlin gingen mehr als 50 000 Arbeiter wichtiger Rüstungsbetriebe in den Ausstand, nachdem tags zuvor bereits 25 000 Menschen für Liebknechts Freilassung demonstriert hatten, aber auch in Städten wie Bremen oder Braunschweig solidarisierten sich die Arbeiter mit ihm. Die Streiks waren im Wesentlichen von den sogenannten Revolutionären Obleuten organisiert, das heißt von außerhalb der offiziellen Gewerkschaften agierenden radikalen Arbeiterführern.

Am 8. Juli 1916 wurde auch über Rosa Luxemburg »im Interesse der öffentlichen Sicherheit« bis auf Weiteres die militärische Schutzhaft verhängt. »Bis auf Weiteres« bedeutete in aller Regel nur einen vorübergehenden Zeitraum von höchstens drei Monaten. Für Luxemburg sollte erst die Novemberrevolution die Freiheit bringen. Bereits zwei Tage später wurde sie ins Polizeigefängnis am Berliner Alexanderplatz verbracht. Zehn Tage lang musste sie hier unter Umständen zubringen, die angesichts ihres angeschlagenen Gesundheitszustands durchaus lebensbedrohlich waren – in einer winzigen Zelle, in der ansonsten Untersuchungshäftlinge nur für kurze Zeit untergebracht waren, ohne Licht, schmutzig, ohne Wasser für die Notdurft, ohne die Möglichkeit zum Hofgang und vom Lärm geplagt. Selbst in dieser Extremsituation bewahrt sich Luxemburg das Sensorium für das, was Leben eigentlich und letztlich ausmacht – Leben, dessen Schönheit und Glücksfülle sich in den scheinbar belanglosen Alltäglichkeiten wie einem Kinderlachen äußert:

Luxemburgs Zelle im Zentralgefängnis der Festung Wronke

Der anderthalbmonatige Aufenthalt dort hat auf meinem Kopf graue Haare und in meinen Nerven Risse zurückgelassen, die ich nie verwinden werde. Und doch habe ich von dort eine kleine Erinnerung, die wie eine Blume in meinem Gedächtnis aufblickt. Dort begann die Nacht – es war Spätherbst, Oktober, und gar keine Beleuchtung in der Zelle – schon um 5, 6 Uhr. Es blieb mir in der 11 cbm großen Zelle nichts übrig, als mich auf der Pritsche hinzustrecken, eingeklemmt zwischen unbeschreiblichen Möbelstücken, und in der Höllenmusik der fortwährend vorbeidonnernden Stadtbahnzüge, von denen die Zelle erbebte und auf den klirrenden Fensterscheiben rote Lichtreflexe aufblitzten, meinen Mörike halblaut zu deklamieren. Von 10 Uhr ab pflegte sich das diabolische Konzert der Stadtbahn etwas zu besänftigen, und bald darauf wurde von der Straße her die folgende kleine Episode hörbar. Erst eine dumpfe männliche Stimme, die etwas Rufendes und Ermahnendes hatte, dann als Antwort der Gesang eines etwa achtjährigen Mädchens, das offenbar im Springen und Hüpfen ein Kinderliedchen vortrug und zugleich ein silbernes, glockenreines Lachen erschallen ließ. […] In diesem hüpfenden Rhythmus des Kinderlieds, in dem perlenden Lachen lag so viel sorglose, siegreiche Lebenslust, dass der ganze finstere schimmlige Bau des Polizeipräsidiums wie von einem silbernen Nebelmantel eingehüllt wurde und in meiner übelriechenden Zelle es so plötzlich in der Luft wie von fallenden dunkelroten Rosen duftete […] So liest man sich überall von der Straße ein bisschen Glück auf und wird immer wieder daran gemahnt, dass das Leben schön und reich ist. (GB 5, 268–269)

Am 26. Oktober 1916 wurde Luxemburg schließlich nach Wronke überstellt, einem kleinen Städtchen von 5000 Einwohnern in der Nähe von Posen. Die dortige Festung diente noch bis in die Neunzigerjahre als Haftanstalt. Ihre Haftbedingungen waren nun recht erträglich. Es standen ihr zwei kleine Räume und sogar ein kleines Stück Garten zur Verfügung. Mathilde Jacob sorgte zuverlässig und mit viel List für die Kommunikation mit der Außenwelt. So benutzten die zwei Frauen etwa völlig gleiche Handtaschen, die bei einem Besuch recht einfach ausgetauscht werden konnten. Auf diese Weise nahm Luxemburg weiter aktiv am politischen Geschehen teil, sie stand in regem Briefwechsel mit allen ihr wichtigen Menschen und sie konnte sich ausreichend Literatur beschaffen lassen. Ihre Wunschlisten an Mathilde Jacob geben Aufschluss über ihre Lektüre: von den sozialistischen Klassikern Marx und Engels über eine französische Bibel, Grillparzer, Dumas bis hin zu Kiplings *Dschungelbuch* reicht das Spektrum dessen, womit sie sich beschäftigt. So paradox es klingen mag: Ihre Situation als Häftling verschuf ihr nun den Freiraum, an längst Verschüttetes wieder anzuknüpfen. So nutzte sie die Zeit, um ein außergewöhnliches und recht umfangreiches Werk der russischen Literatur, Wladimir Korolenkos *Geschichte meines Zeitgenossen*, vollständig ins Deutsche zu übersetzen. Sie stellte dieser Übersetzung eine literaturhis-

Modell des Zentralgefängnisses der Festung Wronke. »Ich fühle mich wie eine erfrorene Hummel«, schreibt Luxemburg an Hans Diefenbach.

torisch bis heute bedeutsame Einleitung voran, die sich insgesamt von einem marxistischen Standpunkt mit der russischen Literatur des 19. und beginnenden 20. Jahrhunderts auseinandersetzte. Zwischen Korolenkos Protagonisten, einem blinden Musiker, der gerade aufgrund seiner Sehbehinderung hellsichtig wurde und sein eigenes unabwendbares Schicksal gerade dadurch überwand, dass er sich zur Stimme des Elends aller Blinden machte, und Luxemburg selbst lassen sich durchaus biografische Bezüge herstellen.

Politisch galt ihr Interesse und Engagement zum einen der Entwicklung der SPD. Luxemburg plädierte dafür, innerhalb der Partei wieder um Hegemonie zu kämpfen, auch wenn sie die Partei andernorts als »Haufen organisierter Verwesung« und dergleichen bezeichnet hatte. Es bestand ja die Gefahr, mit der Aufgabe der mächtigen Parteiorganisation auch die Massen der Werktätigen zu verlieren. Die Spartakisten traten schließlich, nachdem der Bruch zwischen den Mehrheitssozialdemokraten unter Friedrich Ebert und Philipp Scheidemann und der USPD endgültig vollzogen war, der Letzteren bei. Dann galt aber Luxemburgs Aufmerksamkeit vor allem den Ereignissen in Russland, wo sich ab Februar 1917 die Ereignisse überstürzten:

Bereits im Jahr 1916 war es in Russland immer wieder zu Streiks und Brotunruhen gekommen. Der Impuls zur Februarrevolution des Jahres 1917 ging zuerst von den Frauen aus: 90 000 streikende Arbeiterinnen besetzten das Stadtzentrum von Petrograd. Zahlreiche Betriebe schlossen sich bald der Streikbewegung an. Bei einem Zusammenstoß mit Militäreinheiten kam es zu 150 Toten, doch bald schon sollten sich die Kosaken und die Soldaten insgesamt mit der Bevölkerung solidarisieren und Waffen an die Arbeiter verteilen. Die Führer der revolutionären Parteien waren von den Ereignissen völlig überrumpelt. Vor allem die straff autoritär geführten Bolschewiki standen der Aufstandsbewegung eher hilflos gegenüber. Luxemburgs Kritik an der Parteiorganisation (s. weiter oben, S. 47–49) schien sich gerade in dieser Situation zu bestätigen. Entscheidend war dann die Neukonstituierung des Petrograder Arbeiterrates unter der Führung Leo Trotzkis. Er übernahm jedoch nicht selbst die Macht, sondern trug diese bürgerlichen Duma-Abgeordneten an. Alexander Kerenski, ein Sozialrevolutionär, der hohes Ansehen genoss, übernahm schließlich, nachdem der Zar am 2. März vom Generalstab zur Abdankung gezwungen worden war, die provisorische Regierung.

Luxemburg geriet geradezu in ekstatische Begeisterung. Nicht zu Unrecht sah sie deutliche Parallelen zum Agieren der Massen im Revolutionsjahr 1905. Die Ereignisse in Russland nahmen sie nun völlig in Beschlag. Aus der Haft in der Festung Wronke schreibt sie am 29. April an Marta Rosenbaum:

[…] die herrlichen Dinge in Russland wirken auf mich auch wie Lebenselixier. Das ist ja für uns alle eine Heilsbotschaft, was von dort kommt, ich fürchte, ihr alle schätzt das nicht genügend hoch, empfindet nicht genügend, dass es unsere

eigene Sache ist, die dort siegt. Das muss, das wird auf die ganze Welt erlösend wirken, das muss ausstrahlen nach ganz Europa, ich bin felsenfest überzeugt, dass eine neue Epoche jetzt beginnt und dass der Krieg nicht mehr lange dauern kann. (GB 5, 226)

Angesichts der Veränderungen in Russland wurde der Versuch gestartet, Luxemburgs Freilassung auf dem Weg eines Austauschs gegen deutsche Kriegsgefangene zu erreichen. Bei Julian Marchlewski war genau dies gelungen. Luxemburg war ja, da Russland die zivilrechtliche Trauung mit Gustav Lübeck nie anerkannt hatte, nach wie vor russische Staatsbürgerin. Das Unterfangen scheiterte, und Luxemburg wurde alsbald ins Breslauer Gefängnis verlegt.

Inzwischen nahmen die Ereignisse in Russland einen unvorhergesehenen Verlauf. Als Lenin in seinem Schweizer Exil vor jeder Zusammenarbeit mit der provisorischen Regierung unter Kerenski warnt, sieht er sich unter den Bolschewiki selbst noch in der Minderheitenposition. Allzu schematisch hielt man an der Etappentheorie fest, dass die Sozialisten zunächst die Arbeiterrechte innerhalb einer bürgerlichen Gesellschaft zu sichern hätten. Doch die Entscheidung Kerenskis, den Krieg fortzusetzen und keine Gebietsverluste zu akzeptieren, sowie die Kriegsmüdigkeit der Russen machten Lenins Position zunehmend plausibel. Mithilfe der Deutschen mit einem Sonderzug nach Russland eingeschleust, gab Lenin mit seinen *Aprilthesen* bald die Linie vor. Die Bolschewiki gewannen zunehmend an Einfluss, und geradezu handstreichartig gelang ihnen schließlich die Machtübernahme. Lenin und Trotzki wollten nun die Alleinherrschaft. An der Spitze des »Rats der Volkskommissare« regierte Lenin durch Dekrete und überging systematisch die Sowjets. Linke Sozialrevolutionäre und Menschewiki sollten zunehmend ausgeschaltet werden. Die Parole »Alle Macht den Sowjets« hatte nur so lange Bestand gehabt, als diese ein taugliches Instrument der Bolschewiki gewesen waren. Noch vor der Oktoberrevolution war – bei den ersten freien Wahlen Russlands überhaupt – die Verfassunggebende Versammlung gewählt worden – vormals eine zentrale Forderung der Bolschewiki gegen Kerenskis Verschleppungstaktik. Die Bolschewiki waren darin mit weniger als einem Viertel der Mandate in der Minderheit. In einer ersten Sitzung hatte man sich durchaus auf ein sozialistisches Programm verständigt. Das neuerliche Zusammentreten der Versammlung am nächsten Tag ließ Lenin mit Waffengewalt verhindern. Bald schon setzte auch der berüchtigte »rote Terror« ein, der nicht nur der unkontrollierbaren Initiative lokaler Gruppen entsprang. Lenin war, wenn es um den Machterhalt ging, keineswegs zimperlich. Die Erschießung von Hunderten von Sozialrevolutionären nach einem Putsch etwa ist seinem Konto zuzuschreiben. Im Dezember wurde die Geheimpolizei, die Tscheka, gegründet, deren Leiter, Feliks Dzierżyński, ein alter Kampfgefährte Luxemburgs in der SDKPiL gewesen war.

Luxemburgs Begeisterung machte der Ernüchterung Platz. Es entstand nun jener Text, der erst nach Luxemburgs Tod von Paul Levi im Jahr 1921 veröffentlicht werden sollte, der jedoch aus heutiger Sicht, nachdem wir wissen, wie verhängnisvoll sich die Geburtsfehler von 1917 auf die spätere Entwicklung auswirkten, sicherlich zum wichtigsten Erbe Luxemburgs zu zählen ist: *Zur russischen Revolution.* Luxemburg knüpft mit diesem Text an ihre frühere Kritik an der Parteistruktur an (s. weiter oben, S. 47–49), die die seither sogenannten Bolschewiki innerhalb der SDRAP durchgesetzt hatten – lässt sich doch das konkrete Agieren während der Revolution als logische Folge des jakobinischen Selbstverständnisses begreifen, der auch die interne Organisationsweise entspringt. Luxemburgs Text beginnt durchaus mit einer grundsätzlichen, ja geradezu überschwänglichen Würdigung der Oktoberrevolution, deren historische Bedeutung für sie gar nicht hoch genug zu veranschlagen ist:

Zum ersten Mal ergibt sich die Gelegenheit, ein sozialistisches Programm auch tatsächlich umzusetzen. Ein großer Teil des Textes befasst sich mit Fragen, die eher mit der unterschiedlichen Einschätzung historischer Umstände zu tun haben, so etwa mit der Frage der Landverteilung an die Bauern oder mit dem Selbstbestimmungsrecht der Völker in einer revolutionären Situation. Interessant für uns ist der Text aber vor allem, wenn es ums Grundsätzliche geht, näherhin um das Verhältnis von Sozialismus und Demokratie. So geißelt sie die Entscheidung, die Konstituierende Versammlung auflösen zu lassen:

Diese Maßnahme war bestimmend für ihre weitere Position, sie war gewissermaßen der Wendepunkt ihrer Taktik. Es ist eine Tatsache, dass Lenin und Genossen bis zu ihrem Oktobersiege die Einberufung der Konstitutionsversammlung stürmisch forderten, dass gerade die Verschleppungspolitik der Kerenski-Regierung in dieser Sache einen Anklagepunkt der Bolschewiki gegen jene Regierung bildete und ihnen zu heftigsten Ausfällen Anlass gab. […] Und nun war […] der erste Schritt Lenins nach der Oktoberrevolution – die Auseinandertreibung derselben Konstituierenden Versammlung, zu der sie den Eingang bilden sollte […] Gewiss, jede demokratische Institution hat ihre Schranken und Mängel, was sie wohl mit sämtlichen menschlichen Institutionen teilt. Nur ist das Heilmittel, das Trotzki und Lenin gefunden: die Beseitigung der Demokratie überhaupt, noch schlimmer als das Übel, dem es steuern soll. Es verschüttet nämlich den lebendigen Quell selbst, aus dem heraus alle angeborenen Unzulänglichkeiten der sozialen Institutionen allein korrigiert werden können, das aktive, ungehemmte, energische politische Leben der breitesten Volksmassen. (GW 4, 353– 356)

Dann knüpft Luxemburg an jenes bereits von Marx entwickelte Konzept an, das so verhängnisvoll missverstanden wurde: die Diktatur des Proletariats. Für uns heute ist zunächst zu bedenken, dass wir nicht all das damit assoziieren dürfen, was wir nach den Erfahrungen der Diktaturen des 20. Jahrhunderts damit verbinden. Marx verwendet den Begriff zum ersten Mal im Zusammenhang der Revolution von 1848. Aufgrund der geschichtlichen Erfahrungen vor allem mit der Pariser Commune wandelt sich der konkrete Inhalt dessen, was er darunter versteht, erheblich. Zunächst bezeichnet Marx damit die Phase nach einem erfolgreichen Umsturz, in der es gilt, ein Rollback zu verhindern und die ersten Errungenschaften einer neuen Gesellschaftsordnung zu sichern. Nach der Erfahrung der Pariser Commune entwickelt Marx ein eher basisdemokratisches Verständnis dieses Übergangs. Zu keinem Moment aber gehören für Marx genau jene Elemente dazu, mit denen wir heute das Wort »Diktatur« in Verbindung bringen: Aufhebung von bürgerlichen Freiheitsrechten, der Presse- und Versammlungsfreiheit etwa. In den verschiedenen diesbezüglichen Äußerungen von Marx zeichnen sich lediglich zwei für ihn unverzichtbare Elemente ab: Abschaffung der politischen Funktion der Polizei und Auflösung des stehenden Heeres zugunsten einer Volksmiliz. Allerdings ist der Versuch, diese Übergangsphase zu konzipieren, auch bei Marx nicht unproblematisch. Wenn er etwa in seiner Reflexion der Ereignisse von 1871 in Paris die Wahl und Absetzbarkeit der Richter durch das Volk lobend hervorhebt, so bedeutet das nichts anderes als die Aufhebung der Gewaltenteilung, die seit Montesquieu als unverzichtbares Element einer jeden Demokratie betrachtet werden darf. Rosa Luxemburg beharrt nun gegenüber den Bolschewiki darauf, dass der *Inhalt* der Diktatur des Proletariates nichts anderes sein könne als *Demokratie im emphatischen Sinne*. Eine sozialistische Kritik des Kapitalismus bezieht ja ihre Legitimation nicht zuletzt durch den Nachweis, dass auf der ökonomischen Basis der Kapitalverwertungsinteressen Demokratie weitgehend eine Illusion ist. Umgekehrt aber impliziert die Ablehnung der bloß formalen bürgerlichen Demokratie – eine Ablehnung, die Luxemburg immer kompromisslos vertreten hat – keineswegs deren Abschaffung, sondern im Gegenteil: Ihr Anspruch kann erst auf dem Boden des Sozialismus eingelöst werden. Sozialistinnen und Sozialisten haben deshalb nach Luxemburgs Verständnis die Errungenschaften der bürgerlichen Demokratie keineswegs auf dem Kehrrichthaufen der Geschichte zu entsorgen, sondern sie allererst zu verwirklichen. So formuliert sie an die Adresse der Bolschewiki:

Die bürgerliche Klassenherrschaft brauchte keine politische Schulung und Erziehung der ganzen Volksmasse, wenigstens nicht über gewisse enggezogene Grenzen hinaus. Für die proletarische Diktatur ist sie das Lebenselement, die Luft, ohne die sie nicht zu existieren vermag […] Freiheit nur für die Anhänger der Regierung, nur für Mitglieder einer Partei – mögen sie noch so zahlreich sein – ist keine Freiheit. Freiheit ist immer nur Freiheit des anders Denkenden. Nicht wegen des Fanatismus der »Gerechtigkeit«, sondern weil all das Belehrende, Heilsame und Reinigende der politischen Freiheit an diesem Wesen hängt und seine Wirkung versagt, wenn die »Freiheit« zum Privilegium wird. […] Es ist die historische Aufgabe des Proletariats, wenn es zur Macht gelangt, anstelle der bürgerlichen Demokratie sozialistische Demokratie zu schaffen, nicht jegliche Demokratie abzuschaffen. Sozialistische Demokratie beginnt aber nicht erst im gelobten Lande, wenn der Unterbau der sozialistischen Gesellschaft geschaffen ist, als fertiges Weihnachtsgeschenk für das brave Volk, das inzwischen treu die Handvoll sozialistischer Diktatoren unterstützt hat. Sozialistische Demokratie beginnt zugleich mit dem Abbau der Klassenherrschaft und dem Aufbau des Sozialismus. Sie beginnt mit dem Moment der Machteroberung durch die sozialistische Partei. Sie ist nichts anderes als die Diktatur des Proletariats. (GW 4, 359–363)

Während also die Bolschewiki, aber auch Leo Trotzki, davon sprachen, man dürfe Demokratie nicht zum Fetisch machen, stellt Luxemburg klar, dass diese auch angesichts der schwierigsten historischen Umstände niemals zur Disposition stehen dürfe. Die Fernwirkung gerade dieses Textes aus Luxemburgs Feder ist enorm. »Luxemburgismus« war im real existierenden Sozialismus gerade aufgrund dieses Textes einer der schlimmsten Vorwürfe. Selbst Luxemburgs enge Freundin Clara Zetkin, die später zu einer kritiklos-fanatischen Verehrerin Lenins wurde, veranlasste dieser Text zur Distanznahme. Für uns bleibt unvergessen, wie in den letzten Jahren der Existenz der DDR-Oppositionelle anlässlich der Gedenkfeier für Luxemburg und Liebknecht ein – offiziell nicht genehmigtes – Transparent mit Luxemburgs berühmtem Satz von der »Freiheit der anders Denkenden« mitführten und die Staatsorgane damit in verzweifelte Selbstentlarvung trieben. Ohne Zweifel war es auch diese klare Haltung Luxemburgs, die den aus der DDR ausgebürgerten Sänger Wolf Biermann zur Liedzeile veranlasste: »Die DDR braucht, endlich und wie, Rosas rote Demokratie!«

Während ihres Aufenthalts in Breslau hatte Luxemburg noch einen schweren privaten Schicksalsschlag hinzunehmen: Die Person, die ihr in der Zeit während ihrer Gefängnishaft privat am nächsten stand, war der junge Arzt Hans Diefenbach. Die Briefe aus der Haft an ihn sind voller Poesie und Zärtlichkeit, und Luxemburg sah in dem jungen Mann ihr künftiges persönliches Lebensglück. Ende Oktober 1917 erhielt sie die Nachricht, dass der als Lazarettarzt Eingezogene an der Front von einer Granate zerrissen worden war. Sein Vermögen hatte er vorher testamentarisch Luxemburg vermacht – ein deutliches Zeichen dafür, dass die liebende Zuneigung auf Gegenseitigkeit beruhte.

Der junge Arzt Hans Diefenbach mit seinem »semmelblonden Temperament« war Luxemburgs letzter Seelenfreund.

Bald schon überstürzten sich im Deutschen Reich die Ereignisse. Nachdem die Heeresleitung erkannte, dass die Niederlage unabwendbar war, übernahm Prinz Max von Baden die Regierungsgeschäfte und verkündete schließlich in der Hoffnung auf bessere Friedensbedingungen die Abdankung Kaiser Wilhelms II., der sich ins holländische Exil begab. Die SPD war in dieser Situation für die Rolle als entscheidende Ordnungsmacht prädestiniert. Sie genoss ja immer noch das Vertrauen einer breiten Schicht von Arbeitern. Sie stellte nun zwei Staatssekretäre, versprach den diplomatischen Bruch mit Sowjetrussland und eine parlamentarische Monarchie. Als Geste in Richtung der Linken erwirkte sie bei Prinz Max von Baden eine Amnestie, in deren Genuss auch Karl Liebknecht kam, nicht jedoch Rosa Luxemburg. 20 000 Arbeiter begrüßten Liebknecht enthusiastisch in Berlin. Ausgelöst durch den Kieler Matrosenaufstand geriet die alte Monarchie endgültig ins Wanken. In vielen Städten wurden Arbeiter- und Soldatenräte gebildet. Friedrich Ebert, der schließlich Reichskanzler wurde, suchte den Schulterschluss mit der alten Ordnung, das heißt mit der kaiserlichen Bürokratie, mit dem Kapital und vor allem mit dem Militär. Die kapitalistische Wirtschaftsordnung sollte keineswegs angetastet werden. Mit Generalleutnant Groener verständigte er sich auf die Sicherung der Vorkriegsgrenzen des Reichs, auf eine Abwehrhaltung gegenüber dem russischen Bolschewismus und auf die Zurückstellung aller Sozialreformen bis zur demokratischen Wahl einer Nationalversammlung. SPD und USPD bildeten nun ein Übergangskabinett. Der sogenannte »Rat der Volksbeauftragten« bestand aus je drei Mitgliedern der beiden Parteien.

Am 7. November teilte der Gefängnisdirektor Luxemburg mit, dass für ihre Sicherheitshaft kein Anlass mehr bestünde und sie forthin frei sei. Kaum war sie auf freiem Fuß, befand sie sich auch schon mitten im politischen Geschehen und nahm im nahen Breslau am 8. November an einer Kundgebung teil. Als in Berlin am 9. November Philipp Scheidemann die Republik ausrief, nur um Karl Liebknecht zuvorzukommen, der nur wenig später im Namen des Arbeiter- und Soldatenrates von Berlin die sozialistische Republik Deutschland proklamierte, befand sich Luxemburg auf einer anstrengenden Zugreise auf dem Weg in die Hauptstadt.

»ICH HAB'S GEWAGT!«

Am 10. November, gegen 22.00 Uhr, traf Luxemburg schließlich am Schlesischen Bahnhof ein, nahm Quartier im Hotel Excelsior und begab sich sofort in die Redaktionsräume der *Roten Fahne*. Es war den Spartakisten gelungen, die Räumlichkeiten des Berliner *Lokal-Anzeigers* zu besetzen und von dort aus ihr zentrales Presseorgan herauszugeben. Luxemburg übernahm zusammen mit Liebknecht die Redaktion. Sechzig Ausgaben der Zeitung sollten insgesamt erscheinen, die über die kleine Schar des »Spartakusbundes«, wie sich die Gruppe fortan nannte, hinaus große Resonanz fand. Luxemburg hatte sogar eine regelmäßige Spalte für Clara Zetkin vorgesehen, doch diese war inzwischen schwer erkrankt und konnte nicht nach Berlin kommen. Die beiden Freundinnen sollten sich nicht wiedersehen. Luxemburg wandte sich bald gegen jegliche Form von bürgerlichem Parlamentarismus und lehnte in diesem Sinne zunächst die Wahlen zu einer Nationalversammlung ab. Der Widerspruch zu ihrer harschen Kritik an den Bolschewiki und deren Entscheidung, eine – allerdings bereits gewählte – Nationalversammlung aufzulösen, springt hier ins Auge. Auch in ihrer programmatischen Schrift *Was will der Spartakusbund?* löste sie das Spannungsverhältnis zwischen der klaren Ablehnung des bürgerlichen Parlamentarismus und dem demokratischen Anspruch einer sozialistischen Gesellschaftsordnung nicht befriedigend auf. Mit dem Weltkrieg habe die bürgerliche Klassenherrschaft jegliche Daseinsberechtigung verwirkt. Der Sozialismus sei die einzige Alternative zur Barbarei, zur unbeschreiblichen Gewaltorgie, die konsequent aus der kapitalistischen Ökonomie hervorgegangen sei. In diesem Sinne tritt Luxemburg für die Vergesellschaftung der Produktionsmittel und die Beendigung jeglichen Ausbeutungsverhältnisses ein:

Der Weltkrieg hat die Gesellschaft vor die Alternative gestellt: entweder Fortdauer des Kapitalismus, neue Kriege und baldigster Untergang im Chaos und in der Anarchie oder Abschaffung der kapitalistischen Ausbeutung. Mit dem Ausgang des Weltkrieges hat die bürgerliche Klassenherrschaft ihr Daseinsrecht verwirkt. Sie ist nicht mehr imstande, die Gesellschaft aus dem furchtbaren wirtschaftlichen Zusammenbruch herauszuführen, den die imperialistische Orgie hinterlassen hat. […] Aus all dieser blutigen Wirrsal und diesem gähnenden Abgrund gibt es keine Hilfe, keinen Ausweg, keine Rettung als im Sozialismus. (GW 4, 442–443)

Der Übergang zu einer sozialistischen Wirtschaftsordnung wird im Text durchaus konkreter beschrieben und kann in folgenden Stichpunkten zusammengefasst werden: Konfiskation aller Vermögen der alten aristokratischen Dynastien; Annullierung der öffentlichen Schulden inklusive Kriegsanleihen; Enteignung von Grund und Boden und landwirtschaftlicher Betriebe ab einer bestimmten Größenordnung; Vergesellschaftung der Banken, des gesamten Bergbaus sowie der Großbetriebe in Industrie und Handel; Einziehung aller Vermögen ab einer bestimmten Höhe; Übernahme des gesamten öffentlichen Verkehrswesens durch die Räte; Wahl von Betriebsräten mit weitgehenden Befugnissen für die Gestaltung der Arbeitsverhältnisse und die Kontrolle der Produktion, die letztlich die Betriebsleitung zu übernehmen haben; Einsetzung einer zentralen Streikkommission.

Luxemburg formuliert grundsätzlich den Anspruch, dass diese neue Gesellschaftsordnung von der Mehrheit der Bevölkerung getragen ist:

In allen bisherigen Revolutionen war es eine kleine Minderheit des Volkes, die den revolutionären Kampf leitete, die ihm Ziel und Richtung gab und die Masse nur als

Werkzeug benutzte, um ihre Interessen, die Interessen der Minderheit, zum Siege zu führen. Die sozialistische Revolution ist die erste, die im Interesse der großen Mehrheit und durch die große Mehrheit der Arbeitenden allein zum Siege gelangen kann. […] Das Wesen der sozialistischen Gesellschaft besteht darin, dass die große arbeitende Masse aufhört, eine regierte Masse zu sein, vielmehr das ganze politische und wirtschaftliche Leben selbst lebt und in bewusster freier Selbstbestimmung lenkt. (GW 4, 444)

Doch eine Antwort auf die konkrete politische Ausgestaltung dieses Mehrheitswillens bleibt sie letztlich schuldig. Es bleibt bei der Formulierung des grundsätzlichen Anspruchs. Welche konkreten Instanzen und Mechanismen die tatsächliche Partizipation an der Gestaltung der Gesellschaft sichern, bleibt unbestimmt – als wäre es mit der Vergesellschaftung der Produktionsmittel schon getan. Die Arbeiter- und Soldatenräte sind ja ein Konstrukt für die revolutionäre Übergangszeit und haben das entstandene Machtvakuum zu füllen. Sie repräsentieren keineswegs die Bevölkerung insgesamt, sondern nur einen Ausschnitt. Und zudem ist mit ihnen die Gewaltenteilung aufgehoben. Sie sind weit entfernt von einer Neugestaltung der politischen Ordnung, die demokratischen Ansprüchen genügt, wie sie ja gerade Luxemburg gegenüber den Bolschewiki eingeklagt hat. Mit der Vernachlässigung der politischen gegenüber der ökonomischen Ebene macht sich ein Defizit der sozialistischen Linken seit ihren Anfängen bemerkbar, von dem auch Luxemburg nicht frei ist. Allerdings sollte man bedenken, dass der Text inmitten der Turbulenzen der Umbruchszeit nach dem Sturz der Monarchie geschrieben wurde, in der alles im Fluss war. Die Zeit für weiterreichende, tragfähige Antworten war wahrscheinlich noch nicht gegeben.

Eine Passage aus dieser Schrift ist für die Grundhaltung Luxemburgs und ihre Vorstellung von der Umwälzung besonders bezeichnend:

In den bürgerlichen Revolutionen war Blutvergießen, Terror, politischer Mord die unentbehrliche Waffe in der Hand der aufsteigenden Klassen. Die proletarische Revolution bedarf für ihre Ziele keines Terrors, sie hasst und verabscheut den Menschenmord. Sie bedarf dieser Kampfmittel nicht, weil sie nicht Individuen, sondern Institutionen bekämpft, weil sie nicht mit naiven Illusionen in die Arena tritt, deren Enttäuschung sie blutig zu rächen hätte. Sie ist kein verzweifelter Versuch einer Minderheit, die Welt mit Gewalt nach ihrem Ideal zu modeln, sondern die Aktion der großen Millionenmassen des Volkes, die berufen ist, die geschichtliche Mission zu erfüllen und die geschichtliche Notwendigkeit in Wirklichkeit umzusetzen […] (GW 4, 445)

Es ist naheliegend, dass die von den Rechten als die »blutige Rosa« diffamierte Luxemburg diese Zeilen nicht zuletzt aufgrund der Erfahrung der russischen Revolution und ihres »roten Terrors« formuliert hat. Die Bolschewiki hatten sich bereits am 5. September 1917 in einer Resolution ausdrücklich zum jakobinischen »terreur« als notwendigem Mittel zur Ausschaltung der Opposition bekannt und dies auch nach der Machtübernahme auf erschreckende Weise praktiziert – wenn auch ein gerechtes historisches Urteil angesichts der höchst komplexen Umstände und Dilemmata schwerfallen mag. Luxemburg hingegen hatte ein scharfes Bewusstsein dafür, dass man der alten Gesellschaftsordnung nicht glaubhaft die Legitimation gerade unter Hinweis auf ihren Blutzoll entziehen kann, wenn man sich auch in den Kampfmethoden nicht klar von dem unterscheidet, was es zu überwinden gilt. Allerdings lässt Luxemburg auch hier die Frage offen, wie weit sich dieser Anspruch angesichts der zu erwartenden konterrevolutionären Gewalt, der sie selbst bald zum Opfer fallen sollte, durchhalten lässt.

Die Rote Fahne – Plakat aus dem Jahr 1919

Am 16. Dezember trat die Reichskonferenz der Arbeiter- und Soldatenräte zusammen. Unter den mehr als 500 Delegierten hatte die SPD die klare Mehrheit. Die Spartakisten brachten zusammen mit den Bremer Linksradikalen gerade einmal zwanzig Delegierte auf die Beine. Erwartungsgemäß fiel ein Antrag auf eine sozialistische Verfassung auf der Grundlage des Rätesystems durch, und der Kongress befürwortete mit großer Mehrheit die Wahlen zur Nationalversammlung. Fatal war aber vor allem, dass das Kontrollorgan des Rats der Volksbeauftragten, der sogenannte »Zentralrat«, ausschließlich aus SPD-Mitgliedern bestehen sollte: Die USPD wollte die Rechte dieses Gremiums gestärkt wissen und forderte ein Vetorecht gegen Gesetze. Nachdem dies abgelehnt wurde, boykottierte sie die Wahl. Dem Agieren Eberts waren nun kaum mehr Fesseln angelegt, und bald schon sollte sich die fatale Wirkung einstellen.

Der Weihnachtsabend 1918 führte zu einem entscheidenden Wendepunkt: Die Volksmarinedivision – in ihrer Rolle während der Novemberrevolution durchaus vergleichbar mit den Kronstädter Matrosen in Russland –, die im Berliner Stadtschloss Quartier bezogen hatte, wurde auf Anweisung der SPD-Kabinettsmitglieder ohne jegliche Vorwarnung von monarchistischen Truppen angegriffen. Die Angreifer hatten herbe Verluste zu verzeichnen, und die Aktion geriet für Ebert und Konsorten zur Blamage. Die der USPD angehörenden Minister verließen daraufhin empört das Kabinett. Nachdem ein vom Spartakusbund, der ja formal der USPD angehörte, daraufhin geforderter Parteitag abgelehnt wurde, geriet die bereits für den 31. Dezember anberaumte Versammlung der Spartakisten selbst zum Gründungsakt der Kommunistischen Partei Deutschlands (KPD). Die Spaltung der Linken in Deutschland war damit endgültig besiegelt. Die Resonanz auf die Parteigründung war schwach, und als auch die »Revolutionären Obleute«, das heißt die außerhalb der offiziellen Gewerkschaften operierenden Arbeitervertreter, der neuen Partei ihre Gefolgschaft verweigerten, war klar, dass sie zunehmend an Bedeutung einbüßen würde. Luxemburg – die übrigens die Bezeichnung »Sozialistische Partei« bevorzugte, sich aber nicht durchsetzen konnte – sollte bei dieser Gelegenheit ihre letzte öffentliche Rede halten. Liebknecht, Jogiches und Luxemburg setzten sich nun für die Teilnahme an den Wahlen zur Nationalversammlung ein, unterlagen aber bei der Abstimmung.

Der 4. Januar 1919 setzte jene Ereignisse in Gang, denen Luxemburg schließlich zum Opfer fallen sollte. Nachdem die SPD-Regierung den der USPD angehörenden, äußerst populären Polizeipräsidenten von Berlin, Emil Eichhorn, abgesetzt hatte, kam es zu einer ungeahnten Erhebung. Eine halbe Million Menschen fanden sich zu einer Protestdemonstration ein, und es kam zur Besetzung der Räumlichkeiten des *Vorwärts*. Die machtvolle Reaktion der Bevölkerung schürte nun Hoffnungen auf eine revolutionäre Wende: Liebknecht fand sich nun zusammen mit einem Vertreter der USPD und der Revolutionären Obleute zu einem Revolutionskomitee zusammen. Vollmundig erklärte man die Regierung Ebert für abgesetzt – natürlich ohne jegliche Konsequenz. Selbst die Unterstützung der Volksmarinedivision blieb aus. Luxemburgs anfängliche Begeisterung für den überraschenden revolutionären *kairós* wich bald der Ernüchterung und dem Erschrecken, als ihr die wahren Kräfteverhältnisse klar wurden. Nachdem sie in der *Roten Fahne* mit anfeuerndem Pathos zur Machtübernahme gedrängt hatte, riet sie nun zum Rückzug aus dem Revolutionskomitee. Das Desaster war absehbar: Am 12. Januar eroberten Regierungstruppen sowohl das Polizeipräsidium als auch das *Vorwärts*-Gebäude zurück. Insgesamt forderte der »Januaraufstand« 165 Todesopfer. Tags darauf erschien im *Vorwärts* die zynische Bemerkung, dass »Karl, Rosa & Co.« sich nicht unter den Opfern befänden. Zwei Tage später wurden beide brutal ermordet. Am selben Tag erschien in der *Roten Fahne* Luxemburgs letzter Artikel unter der Überschrift »Die Ordnung herrscht in Berlin«, der die bittere Bilanz dieses letzten, nutzlosen Aufbäumens gegen die alte Gesellschaftsordnung mit religiös anmutendem Pathos in der Sprache der Apokalyptiker überspielte:

»Ordnung herrscht in Berlin!« Ihr stumpfen Schergen! Eure »Ordnung« ist auf Sand gebaut. Die Revolution wird sich morgen schon »rasselnd wieder in die Höh' richten« und zu eurem Schrecken mit Posaunenklang verkünden:

Ich war, ich bin, ich werde sein! (GW 4, 538)

Liebknecht und Luxemburg waren nun gleichsam vogelfrei und mussten stündlich mit ihrer Ermordung rechnen. Laufend wechselten sie ihr Versteck. Angesichts der

Todesgefahr sandte ihr ihr ehemaliger Geliebter, Kostja Zetkin, einen letzten Gruß (zum ersten Mal dankenswerterweise abgedruckt in Piper [2]2019, 670), der sie jedoch nicht mehr erreichen sollte:

> Liebste
> ich bin in größter Sorge um dich.
> Ich fühle mich erniedrigt, dass ich jetzt nicht bei dir bin. Aber Mutter war so nah am Tode, und dann gelang es bis jetzt nicht, die unglückseligen Verhältnisse hier oben zu ordnen. Ich wollte dir immer schreiben, und dich bitten mir zu helfen. Aber ich durfte dich nicht persönlicher Verhältnisse wegen jetzt von Berlin fortholen.
> Ich umarme und küsse dich von ganzer Seele
> dein Niuniu

Am 15. Januar schlugen die Mörder zu. In der Wohnung der Familie Marcusson wurden Karl Liebknecht, Rosa Luxemburg und der Bremer Sozialdemokrat Wilhelm Pieck, der später der erste und einzige Präsident der DDR werden sollte, aufgegriffen und ins Hotel Eden verschleppt. Ein Freicorps unter dem Kommando von Hauptmann Waldemar Pabst hatte vom SPD-Kriegsminister Gustav Noske grünes Licht für die Beseitigung der Revolutionäre bekommen. Liebknecht wurde schwer misshandelt und mit einem Auto weggebracht – angeblich zu einer Polizeistation. Unterwegs täuschten seine Mörder eine Panne vor, ließen ihn aussteigen und schossen ihm in den Rücken. Von Luxemburgs Schicksal haben wir nur indirekt Kunde, durch einen Bericht Wilhelm Piecks, dem es zu entkommen gelang:

Ich war in der Wohnung von Marcussohn [sic!] gemeinsam mit Liebknecht und Rosa Luxemburg verhaftet und per Auto nach dem Edenhotel gebracht worden. Beim Betreten des Hotels waren im Vorraum eine Menge Soldaten und Offiziere. Die Offiziere beschimpften Frau Luxemburg ganz flegelhaft, etwa: »Röschen, da kommt die alte Hure!« Ich erhob dagegen Protest. Da erklärte ein Offizier: »Was will der Kerl, ist wohl ihr Kavalier, haut ihm in die Fresse!« Dann wurde Rosa Luxemburg die Treppe hinaufgeführt. Ich wurde daneben an einen Pfeiler gestellt. Ich sah dann, dass ein Offizier, der von anderen als Hauptmann angeredet wurde, herumlief, den Soldaten Zigaretten anbot und sagte: »Die Bande darf nicht mehr lebend das Edenhotel verlassen!« Nach einer Viertelstunde erhielten zwei Soldaten den Auftrag, mich die Treppe hinaufzuführen. Ich wurde den Korridor hinaufgeführt und sah im Vorbeigehen an einer Tür das Schild »Hauptmann Pabst« […] Kurze Zeit [danach] kam ein Dienstmädchen herauf, fiel einer Kollegin in die Arme und rief: »Ich werde den Eindruck nicht los, wie man die arme Frau niedergeschlagen und herumgeschleift hat.« (zit. nach Hirsch 1969, 128–129)

Die offizielle Aufklärung der Mordtat war eine Farce, und die an der Ermordung Luxemburgs und Liebknechts unmittelbar Beteiligten sollten nahezu ungeschoren davonkommen. Nachdem lange Zeit Leutnant Kurt Vogel als Luxemburgs Mörder galt, weiß man heute, dass der Hauptmann zur See Hermann Souchon sie mit Schüssen aus nächster Nähe getötet hat. Leo Jogiches, der selbst bald darauf einem Mordanschlag erliegen sollte, unternahm es auf eigene Faust, die Umstände des Todes seiner früheren Gefährtin, so gut es ging, zu recherchieren, und schrieb darüber anonym in der *Roten Fahne* vom 12. Februar 1919. Seine Recherchen kamen den tatsächlichen Ereignissen, wie sie sich heute rekonstruieren lassen, erstaunlich nahe.

Am 1. Juni barg man schließlich Luxemburgs Leichnam aus dem Landwehrkanal in Berlin Tiergarten. Ihre Schädeldecke war intakt, was darauf hinweist, dass die unmittelbare Todesursache nicht Otto Runges brutale Schläge mit dem Gewehrkolben, sondern Souchons Schüsse wa-

Beisetzung der sterblichen Überreste Luxemburgs. »Der Geist ist nicht gemordet worden durch die Schüsse«, heißt es in Paul Levis Totenrede.

ren. Mathilde Jacob konnte Luxemburg anhand der Reste ihrer Kleidung und eines Medaillons identifizieren – ein letzter Liebesdienst der treuen Gefährtin der letzten Jahre, insbesondere in Luxemburgs Haftzeit.

Ein gewaltiger Trauerzug begleitete den Sarg mit den Überresten Luxemburgs am 13. Juni zum Friedhof Friedrichsfelde. Zumindest einer ihrer Brüder und ein Neffe nahmen an der Beisetzung teil. Paul Levi hielt die erste Trauerrede (vgl. Kern 2010, 179–181) auf seine einstige Geliebte, dann sprach Clara Zetkin. Unter den Klängen der »Internationale« wurde der Sarg der Gruft übergeben.

In Conrad Ferdinand Meyers Gedichtzyklus *Huttens letzte Tage*, den Luxemburg so sehr geliebt hat, findet sich die kurze Zeile, mit der man das Leben dieser Märtyrerin der Menschlichkeit zusammenfassen könnte:

Ich hab's gewagt!

ZUR WEITEREN VERTIEFUNG

Für alle, die sich gründlicher mit Luxemburgs Leben und Wirken beschäftigen wollen, seien die im Literaturverzeichnis angeführten beiden großen Biografien von *Annelies Laschitza* und *Ernst Piper* empfohlen. Laschitzas Buch aus dem Jahr 1996 ist inzwischen vergriffen, aber selbstverständlich in den Bibliotheken und antiquarisch erhältlich. Die Autorin ist zugleich die Herausgeberin der Briefe und die Mitherausgeberin der Werke Luxemburgs. Obwohl Laschitza in der DDR gelebt und geforscht hat, ist ihr Buch völlig frei von der damaligen offiziellen Luxemburg-Rezeption. Die jüngste, ausführliche Biografie von Ernst Piper bietet den neuesten Forschungsstand, ist außerordentlich gut lesbar und vermittelt vor allem den Zeitkontext, aus dem heraus Luxemburgs Leben verständlich wird, recht gut. Alle anderen, älteren, im Literaturverzeichnis aufgeführten deutschsprachigen Biografien (Ettinger, Frölich, Nettl) mag man heute getrost den Historikern überlassen. Sie wurden natürlich von den beiden empfohlenen als Quelle benutzt und sind gebührend darin gewürdigt und aufgearbeitet. Der Vollständigkeit halber sei noch die englischsprachige Biografie von *Richard Abraham* erwähnt. Sie ist recht gut lesbar und bietet vor allem Anhaltspunkte zur Diskussion, die selbst dann anregend und hilfreich sind, wenn man ihnen widersprechen mag. Allerdings hätte der Autor nach meinem Geschmack ein wenig mehr Zurückhaltung im Hinblick auf psychologische Spekulationen üben können. Dazu zählt etwa, dass er Luxemburgs Katze Mimi mit ihrem Kinderwunsch in Verbindung bringt. In so manchen Details ist Abraham auch erstaunlich unzuverlässig (beginnend mit dem Geburtsjahr!).

Wer Luxemburgs Denken aus erster Hand kennenlernen und ihre Texte im Original lesen will, findet einen guten, orientierenden Einstieg mit dem preiswerten kleinen Auswahlband *Rosa Luxemburg, Menschsein ist vor allem die Hauptsache.* Er bietet eine biografische Einleitung und gut ausgewählte Auszüge aus ihren wichtigsten Texten, denen jeweils erhellende Kommentare vorangestellt sind, die nicht nur das Verständnis der Texte im Zeitkontext erschließen, sondern anregende Hinweise auf die Bedeutung Luxemburgs für die Gegenwart geben. Ein Teil des Bandes gibt auch Auszüge aus den Briefen Luxemburgs wieder, die über ihr politisches Denken und Wirken hinaus das Profil ihrer Persönlichkeit insgesamt hervortreten lassen.

Wärmstens empfohlen sei auch *Margarethe von Trottas* (Drehbuch und Regie) vielfach preisgekrönter Film *Rosa Luxemburg* aus dem Jahr 1986 (als DVD erhältlich bei DVD Vertrieb 2001, Frankfurt a. M., EAN 4250323706683; Arthaus Filmvertreib EAN 4006680044415). Annelies Laschitza war für die Erstellung des Drehbuchs und bei der Regie beratend tätig, was – bis auf eine kleine Szene – historische Zuverlässigkeit garantiert. Vor allem sind Luxemburgs Originalzitate sehr sorgfältig ausgewählt. Der Film verzichtet auf die Darstellung der Jugend- und Studienzeit und beginnt mit dem Wirken Luxemburgs in Berlin. Die Anfangsszene ist fiktiv: Der Film setzt mit einer Neujahrsfeier zu Jahresbeginn 1900 ein, führt auf diese Weise dramaturgisch geschickt wichtige Weggefährten Luxemburgs ein (etwa Karl Kautsky) und deutet bereits an, in welchem Verhältnis sie zu Luxemburg stehen. Nicht unerwähnt bleiben soll die überzeugende schauspielerische Leistung der Hauptdarstellerin, Barbara Sukowa.

ZEITTAFEL

1871	Rozalia (genannt Róża) Luksenburg wird am 5. März als jüngstes von fünf Kindern des Ehepaars Elijasz (bzw. Edward) und Lina Luksenburg, geb. Loewenstein, in Zamość (Polen) geboren.
1873	Die Familie zieht nach Warschau um, wo Luxemburg ihre gesamte Kindheit und Jugend verbringt. Durch eine fehldiagnostizierte Hüftluxation behält sie eine lebenslange Gehbehinderung bei.
1884–1887	Luxemburg besucht das Warschauer Mädchengymnasium.
1887	Luxemburg schließt sich der von Marcin Kasprzak angeführten marxistisch-revolutionären Gruppe Proletariat II an.
1889	Flucht über die deutsch-polnische Grenze
1890	Immatrikulation an der Universität Zürich; Beginn ihrer Liaison und gemeinsamen politischen Arbeit mit Leo Jogiches, unter anderem für die von ihnen gegründete polnische Zeitschrift *Sprawa Robotnicza* (»Sache der Arbeiter«)
1893	Kongress der Zweiten Internationale in Zürich; Luxemburgs Mandat wird nicht akzeptiert. Daraufhin treiben Luxemburg, Jogiches, Marchlewski und andere die Etablierung ihrer eigenen polnischen Partei, der SDKP (Sozialdemokratische Partei des Königreichs Polen), entschlossen voran.
1894	Luxemburg forscht in Paris für ihre Doktorarbeit und übernimmt die Herausgeberschaft der *Sprawa Robotnicza*. Der erste Parteitag der SDKP in Warschau verabschiedet eine von Luxemburg entworfene Programmatik. Die SDKP befindet sich in ständigem Konflikt mit der Konkurrenzpartei PPS (Polnische sozialistische Partei), die die

nationale Autonomie Polens programmatisch stark in den Vordergrund rückt.

1897 Promotion bei Julius Wolf über *Die industrielle Entwicklung Polens* mit der Note »magna cum laude«; Tod der Mutter

1898 Scheinehe mit Gustav Lübeck, um die preußische Staatsangehörigkeit zu erlangen, und Umzug nach Berlin; Wahlkampf für die SPD in Oberschlesien; für kurze Zeit Chefredakteurin der *Sächsischen Arbeiterzeitung* in Dresden; heftige Auseinandersetzung mit Eduard Bernsteins »Revisionismus« in einer Artikelserie in der *Leipziger Volkszeitung*, die später unter dem Titel *Sozialreform oder Revolution?* veröffentlicht wird

1900 Auseinandersetzung mit Jean Jaurès; Teilnahme am Kongress der Sozialistischen Internationale in Paris; Tod des Vaters in Warschau

1901 Zusammen mit Franz Mehring Chefredakteurin der *Leipziger Volkszeitung*

1903 Scheidung von Gustav Lübeck; heftige Auseinandersetzung mit Lenins Parteiverständnis, das sich am Kongress der SDAPR (Sozialdemokratische Arbeiterpartei Russlands), der später auch die SDKPiL angeschlossen ist, durchsetzt; theoretische Ausformulierung dieser Kritik in *Organisationsfragen der russischen Sozialdemokratie*

1904 Verurteilung zu drei Monaten Haft in Zwickau wegen Majestätsbeleidigung

1905 Nach dem »Petersburger Blutsonntag« kommt es zur ersten Russischen Revolution. Luxemburg kann auf dem Jenaer Parteitag der SPD durchsetzen, dass Massenstreiks als Defensivwaffe akzeptiert werden. Ernennung zur Redakteurin beim *Vorwärts*; im Dezember Reise nach Warschau, wo sie zusammen mit Leo Jogiches konspirativ tätig ist.

1906 Verhaftung in Warschau und Gefängnishaft in der Warschauer Zitadelle; Freilassung aufgrund einer durch die SPD entrichteten Kaution; Rede auf dem Mannheimer Parteitag der SPD, aufgrund derer sie wegen »Aufruhrs« zu zwei Monaten Gefängnishaft verurteilt wird. Luxemburg verfasst *Massenstreik, Partei und Gewerkschaften.*

1907 Beginn der Beziehung mit Kostja Zetkin und Trennung von Leo Jogiches; Verbüßung einer zweimonatigen Haftstrafe im Berliner »Weibergefängnis«; Teilnahme am Kongress der Zweiten Internationale, in der es vor allem um die Haltung der Arbeiterklasse im Kriegsfall geht; Beginn ihrer Tätigkeit als Dozentin an der Reichsparteischule der SPD und Arbeit zu Fragen der Ökonomie

1910 Bruch mit Karl Kautsky aufgrund der Frage des Massenstreiks zur Durchsetzung eines allgemeinen und gleichen Wahlrechts in Preußen; am Magdeburger Parteitag der SPD nimmt Kautsky nicht teil, Luxemburgs Position wird von der Mehrheit heftig attackiert.

1912 Außerordentlicher Internationaler Sozialistenkongress in Basel, der die Haltung zu einem drohenden Krieg bekräftigt

Agitation gegen den Militarismus; Veröffentlichung von
1913 Luxemburgs theoretischem Hauptwerk, *Die Akkumulation des Kapitals*, in dem sie ihre »Imperialismustheorie« ökonomisch begründet

1914 Verurteilung in Frankfurt a. M. zu einem Jahr Haft aufgrund antimilitaristischer Reden; Beginn der Beziehung zu Paul Levi, einem ihrer Anwälte; Luxemburg spricht öffentlich über Misshandlung innerhalb des Militärs und wird daraufhin von Verteidigungsminister General von Falkenhayn angeklagt. Der Prozess wird aufgrund der von Luxemburg beigebrachten Beweise fallengelassen. Die SPD-Reichstagsfraktion stimmt am 4. August den Kriegskrediten zu.

1915 Antritt der einjährigen Haftstrafe im Berliner »Weibergefängnis«. Luxemburg verfasst ihre *Antikritik* als Reaktion auf die weitgehende Ablehnung ihres Werkes *Die Akkumulation des Kapitals*, eine *Einführung in die Nationalökonomie* und die 1916 unter dem Pseudonym »Junius« veröffentlichte Schrift *Die Krise der Sozialdemokratie.*

1916 Haftentlassung; erste Reichskonferenz der »Gruppe Internationale« (Spartakisten), die sich als Antikriegsopposition innerhalb der SPD versteht; ab Juli »Schutzhaft« und Überführung in die Festung Wronke; publizistische Arbeit für die *Spartakusbriefe* und Übersetzung von Korolenkos *Geschichte meines Zeitgenossen*

1917 August: Überführung ins Breslauer Gefängnis. Im Oktober fällt der Arzt Hans Diefenbach, der zu dieser Zeit engste Vertraute Luxemburgs.

1918 Heftige Kritik an der »Oktoberrevolution« der Bolschewiki in *Die russische Revolution*, die allerdings erst 1921 posthum publiziert wird; Luxemburg wird am 8. November aus der Haft entlassen und trifft am 10. November in Berlin ein; Herausgeberschaft der *Roten Fahne*; programmatische Schrift *Was will der Spartakusbund?*; Gründung der KPD am 31. Dezember. Luxemburg wirbt für die Teilnahme an den Wahlen zur Nationalversammlung, kann sich aber nicht durchsetzen.

1919 Januaraufstand; ständig wechselnde Quartiere; 15. Januar: Ermordung durch ein Freicorps unter Hauptmann Waldemar Pabst mit Billigung Friedrich Eberts und Gustav Noskes; 31. Mai: Bergung von Luxemburgs Leichnam aus dem Landwehrkanal; 13. Juni: Beisetzung in Friedrichsfelde.

1 Luxemburgs Wohnung in der Cranachstraße 58

»Ich bin einfach unmenschlich erschöpft und hasse Berlin und die Deutschen schon so, dass ich sie umbringen könnte. Überhaupt braucht man anscheinend zum Leben hier eine Reserve an Gesundheit und Kräften, ganz anders als die, welche ich mitgebracht habe.« (GB 1, 112). Diese Zeilen schreibt Luxemburg an Leo Jogiches unmittelbar nach ihrer Ankunft in der Hauptstadt des Deutschen Reiches am 16. Mai 1898. Ihr erster Eindruck von der Stadt ist also nicht der beste, was natürlich auch auf die konkreten Umstände, die schwierige Zimmersuche etc. zurückzuführen ist. Luxemburg findet zunächst für längere Zeit eine Bleibe in der Cuxhavener Straße 2, im Hansaviertel. Erst etwa ein Jahr später zieht sie nach Friedenau um: zunächst in die Wielandstraße 23 und schließlich in die Cranachstraße 58, wo heute noch eine Gedenktafel an sie erinnert. Was diese Adresse für Luxemburg vor allem attraktiv macht, ist die Nähe zu etlichen Genossen und Genossinnen aus der SPD. Friedenau ist zu dieser Zeit ein »rotes Viertel«. Vor allem das Ehepaar Kautsky wohnt nun in unmittelbarer

• Gedenktafel in der Cranachstraße 58

Nähe zu Luxemburg (Saarstraße 14). Karl Kautsky, der unbestritten führende Theoretiker der Partei und die zentrale Figur des »marxistischen Zentrums«, hatte am Erfurter Programm wesentlichen Anteil. Im Revisionismusstreit war er ein wichtiger Verbündeter von Luxemburg, bis es dann 1910 in der Frage der Opportunität des Massenstreiks zur Durchsetzung einer Wahlrechtsreform zum Zerwürfnis kam. Karls Ehefrau Luise sollte zeit ihres Lebens eine der engsten Freundinnen Luxemburgs bleiben. Als in den Achtzigerjahren des 20. Jahrhunderts ein Bordell in der Cranachstraße 58 eröffnete, hatte der Besitzer die geschmacklose Idee, das Etablissement »Rosa L.« zu nennen – geschmacklos vor allem angesichts der Tatsache, dass Luxemburgs Mörder sie als »Hure« beschimpften. Ein Verehrer Luxemburgs machte seinem Unmut darüber Luft, indem er mit einem Ziegelstein das Fenster einwarf, woraufhin der Bordellbesitzer den Namen seines Geschäftslokals änderte.

So richtig mit ihrer Wohnsituation zufrieden scheint Luxemburg allerdings erst nach ihrem Umzug nach Steglitz im Jahr 1911 gewesen zu sein (Lindener Straße, heute Biberacher Weg 2). Vor allem die größere Nähe zur Natur war für Luxemburgs Wohlbefinden ausschlaggebend. In einem Brief an Mathilde Wurm aus ihrer Gefängnishaft in der Festung Wronke lässt sie die Erinnerung daran aufleben: »[…] ach, ich weiß keine Rezepte zu schreiben, wie man Mensch sein soll, ich weiß nur, wie man's *ist*, und du wusstest es auch immer, wenn wir einige Stunden zusammen im Südender Feld spazieren gingen und auf dem Getreide roter Abendschein lag. Die Welt ist so schön bei allem Graus […]« (GB 5, 151)

2 Das Preußische »Weibergefängnis«

In der Barnimstraße 10, Ecke Weinstraße befand sich jene Strafanstalt, mit der Luxemburg bereits im Juni 1907 Bekanntschaft machte (das historische Foto vom Inneren des Gefängnisses zeigt den Zellengang, die Außenansicht stammt aus dem Jahr 1914), als sie dort eine zweimonatige Haftstrafe wegen »Aufreizung zu Gewalttaten« zu verbüßen hatte. Vor allem aber musste sie dort ab Februar 1915 für genau ein Jahr die Strafe verbüßen, die die Frankfurter Strafkammer über sie verhängt hatte. Ihr erster Aufenthalt schien recht erträglich gewesen zu sein. Jedenfalls schreibt sie an Clara Zetkin: »Man behandelt mich hier sehr nett und respektvoll, ich bin überhaupt ganz zufrieden. Bloß denke dir: zwei Monate im Abtritt wohnen!« (GB 2, 297). Die auferlegten Einschränkungen wusste Luxemburg offenbar recht geschickt zu umgehen. Nur einmal im Monat durfte sie Briefe schreiben, und zwar ausschließlich an Verwandte, weshalb sie von Clara und Kostja Zetkin schlicht als »Tante Rosa« in die Familie aufgenommen wurde. Der Gefängnisdirektor, der ihre Korrespondenz zu kontrollieren hatte, beklagte sich mehrfach über den Arbeitsaufwand, den Luxemburgs lange Briefe ihm bereiteten. Von den Genossinnen und Genossen wurde Luxemburg nicht nur mit frischer Wäsche und allem Lebensnotwendigen, sondern auch reichlich mit Literatur versorgt.

Der zweite, einjährige, Aufenthalt im Berliner Frauengefängnis scheint sich allerdings ganz anders gestaltet zu haben. Ein Brief an Mathilde Wurm, während der Haftzeit ihre wichtigste Vertrauensperson, zeugt jedoch davon, dass Luxemburg auch unter widrigsten Umständen eine erstaunlich bejahende Lebenseinstellung behält. Ihre Fähigkeit zur ironischen

• Das Preußische »Weibergefängnis«, Außenansicht 1914

Distanznahme sich selbst gegenüber bewahrt sie vor Larmoyanz und Versinken im Selbstmitleid:

Auch entsetzte mich am ersten Abend nicht etwa die Gefängniszelle und mein plötzliches Ausscheiden aus den Lebenden, sondern – raten Sie! – die Tatsache, dass ich ohne mein Nachthemd, ohne mir das Haar gekämmt zu haben aufs Lager musste. Damit ein klassisches Zitat nicht fehlt: Erinnern Sie sich an die erste Szene in »Maria Stuart«, als dieser die Schmucksachen weggenommen werden: »Des Lebens kleine Zierden zu entbehren«, sagt Marias Amme, die Lady Kennedy, sei härter, als große Prüfungen zu ertragen. (Sehen Sie mal nach, Schiller hat es etwas schöner gesagt als ich hier.) Doch wohin verirre ich mich? Gott strafe England und verzeihe mir, dass ich mich mit einer englischen Königin vergleiche! Übrigens besitze ich »des Lebens kleine Zierden« in Gestalt von Nachthemden, Kämmen und Seifen alle hier – dank der engelhaften Güte und Geduld Karls [Liebknecht] –, und so kann das Leben nun seinen geregelten Lauf fließen. Ich freue mich sehr, dass ich so früh aufstehe (5.40) und warte nur darauf, dass auch die Frau Sonne gefälligst meinem Beispiel folgt, damit ich von dem frühen Aufstehen auch was habe. Am schönsten

• Der Zellengang im »Weibergefängnis«

ist, dass ich beim Spaziergang im Hof Vögel sehe und höre: ein ganzes Rudel frecher Spatzen, die manchmal einen solchen Krach machen, dass ich mich wundere, weshalb kein strammer Schutzmann da ›mang‹ fährt […] (GB 5, 47–48)

Luxemburg ist während dieser Haftzeit äußerst produktiv. Sie verfasst ihre *Antikritik* als Replik auf die weitgehende Ablehnung ihres theoretischen Hauptwerkes *Die Akkumulation des Kapitals*, sie bereitet die *Einführung in die Nationalökonomie* für die Publikation vor, vor allem aber verfasst sie hier ihre berühmte »Junius-Broschüre«, die mehr als hundert Seiten starke, unter dem Pseudonym »Junius« herausgegebene Schrift *Zur Krise der Sozialdemokratie*, eine bis heute erhellende Analyse der Kriegsursachen.

Das Berliner Frauengefängnis wurde abgerissen. In der benachbarten Weinstraße erinnert aber eine Gedenktafel an den alten Standort und an die wohl prominenteste Insassin.

• Gedenktafel in der Weinstraße 2

❸ Drei Stelen zur Geschichte der SPD

An der Lindenstraße 2–4 machen drei Stelen auf die Geschichte der SPD aufmerksam, die mit diesem Ort eng verbunden ist. Von hier bis zum Mehringplatz erstreckte sich ein großer Gebäudekomplex, in dem der Parteivorstand ebenso beheimatet war wie das Berliner Zentralorgan der SPD, *Vorwärts*, für das August Bebel im Jahr 1905 Luxemburg als feste Mitarbeiterin gewinnen konnte. Vor allem aber war in der Lindenstraße 3 seit 1906 die Reichsparteischule untergebracht, in der Luxemburg drei Jahre lang Wirtschaftsgeschichte unterrichtete. Diese Zeit von 1907 bis 1910 gehört zu den intellektuell fruchtbarsten Jahren Luxemburgs, ging doch aus ihrer Lehrtätigkeit unter anderem ihr theoretisches

Hauptwerk, *Die Akkumulation des Kapitals*, hervor. Dass diese Jahre für sie auch persönliche Erfüllung bedeuteten, bezeugen ihre Briefe aus jener Zeit. An Kostja Zetkin etwa schreibt sie voller Genugtuung:

Ich habe schon gestern und heute je zwei Stunden gehabt; es ging ausgezeichnet. Ich machte heute in den zwei Stunden Repetition und Diskussion, es war Leben in der Bude, und die Leute freuten sich sehr. […] Die Schüler sind sehr zufrieden und haben mir schon gesagt, dass ich ihnen von allen am besten gefalle. Einige darunter scheinen mir sehr begabt. (GB 6, 257. 259)

4 Luxemburg-Skulptur von Rolf Biebl

Auf dem Franz-Mehring-Platz, vor dem Verlagsgebäude des *Neuen Deutschland*, in dem auch die Rosa-Luxemburg-Stiftung beheimatet ist, steht die vom Bildhauer Rolf Biebl geschaffene Bronzefigur Luxemburgs. Flankiert wird sie von etwas weiter im Hintergrund platzierten Terracotta-Reliefs Mathilde Jacobs und Karl Liebknechts von Ingeborg Hunzinger. Die Rosa-Luxemburg-Stiftung ist die parteinahe Stiftung der Partei DIE LINKE und ist ihrem Selbstverständnis nach dem Erbe des demokratischen Sozialismus

• Drei Stelen zur Geschichte der SPD

im Geiste Luxemburgs verpflichtet. Eine Kopie der Bronzestatue findet sich in Berlin Mitte, Linienstraße 15. In einzigartiger Weise bringt die Statue die Zerbrechlichkeit der körperlich eher unscheinbaren Luxemburg und ihre revolutionäre Entschlossenheit sowie ihren scharfen Intellekt zugleich zum Ausdruck. Unmittelbar fühlt man sich an den erstaunten Ausruf einer Mitarbeiterin bei der *Roten Fahne* erinnert, die

• Kopie der Luxemburg-Skulptur in der Linienstraße 15

• Luxemburg-Skulptur von Rolf Biebl auf dem Franz-Mehring-Platz auf gut Berlinerisch meinte: »Wat, in so ner kleenen Kruke stecken solche großen Gedanken?« (vgl. Laschitza 1996, 592)

5 Das Abgeordnetenhaus: Ort der Gründung der KPD

In der heutigen Niederkirchnerstraße 5 in der Nähe des Potsdamer Platzes, befindet sich das Abgeordnetenhaus, vormals Preußischer Landtag. Im Festsaal dieses stattlichen Neo-Renaissance-Gebäudes gründete der Spartakusbund (nach dem Bruch mit der USPD) zusammen mit anderen linken Gruppierungen die Kommunistische Partei Deutschlands. Die Gründungsmitglieder Rosa Luxemburg, Karl Liebknecht und Leo Jogiches gerieten dabei in mancher Hinsicht in die Minderheitenposition, so etwa, was die Beteiligung an den Wahlen zur Nationalversammlung betraf, die Luxemburg befürwortete. Luxemburg kämpfte auch vergeblich für die Bezeichnung »Sozialistische Partei Deutschlands«. Die parteipolitische Spaltung der Arbeiterbewegung war nun endgültig besiegelt. Ab Ende der 1920er-Jahre mutierte die Partei endgültig zur stalinistischen Organisation. Luxemburgs enger Vertrauter Paul Levi hat diese

• Das Abgeordnetenhaus

Entwicklung recht früh erkannt und trat aus der Partei aus. Mit der posthumen Veröffentlichung von Luxemburgs Schrift *Zur russischen Revolution* im Jahr 1921 machte er deutlich, wie entfremdet die Partei ihrem prominenten Gründungsmitglied inzwischen war.

6 Letzter Zufluchtsort von Rosa Luxemburg und Karl Liebknecht

Nach dem Scheitern des Januaraufstandes mussten Rosa Luxemburg und Karl Liebknecht um ihr Leben fürchten und untertauchen. Ihren letzten Zufluchtsort fanden sie in der Mannheimer Straße 43 in Wilmersdorf beim befreundeten Ehepaar Marcusson, wo heute noch ein Gedenkstein an sie erinnert. Dort wurden sie von Angehörigen eines Freicorps aufgegriffen, zusammen mit Wilhelm Pieck ins Hotel Eden verschleppt und noch in derselben Nacht brutal ermordet.

7 Der Auftakt zum Mord: Das Hotel Eden

Auf dem heutigen Olof-Palme-Platz erinnert eine Gedenktafel an das ehemalige Hotel Eden: Hierher wurden Liebknecht und Luxemburg vom Freicorps unter Hauptmann

• Das letzte Versteck; Gedenktafel in der Mannheimer Straße

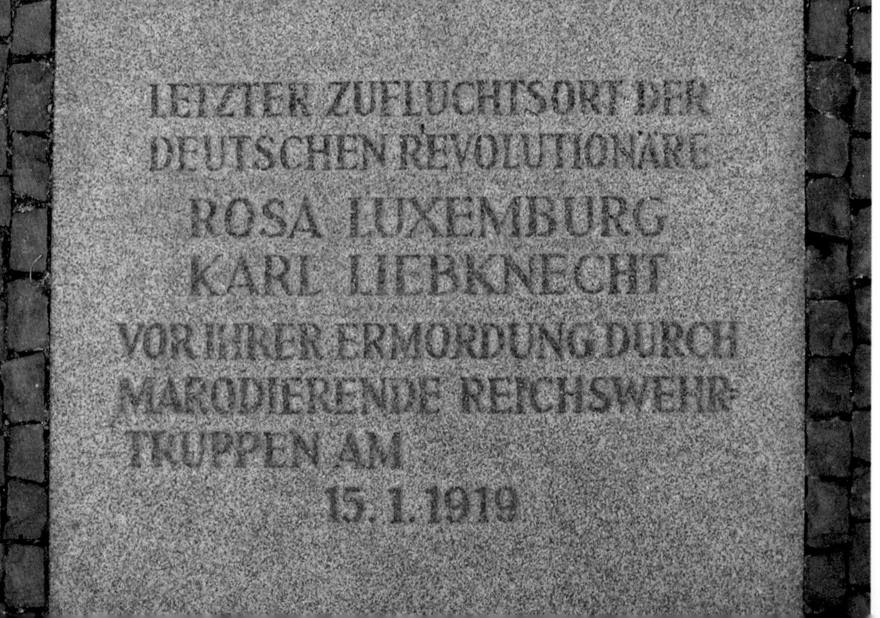

• Gedenktafel auf dem heutigen Olof-Palme-Platz

Pabst verschleppt und anschließend ermordet. »Die Bande darf hier nicht mehr lebend herauskommen.« Mit diesen Worten verteilte Pabst Zigaretten an seine Soldateska. Pabst hatte sich vorher von Gustav Noske für diese Mordtat telefonisch Rückendeckung geholt. Die Verwicklung der SPD-Spitze in die Mordtat bezeugte Waldemar Pabst selbst später in einem Privatbrief. Darin heißt es:

Tatsache ist: die Durchführung der von mir angeordneten Befehle ist leider nicht so erfolgt, wie es sein sollte. Aber sie ist erfolgt, und dafür sollten diese deutschen Idioten Noske und mir auf den Knien danken, uns Denkmäler setzen und nach uns Straßen und Plätze benannt haben! Der Noske war damals vorbildlich, und die Partei (bis auf ihren halbkommunistischen linken Flügel) hat sich in dieser Affäre damals tadellos benommen. Dass ich die Aktion ohne Noskes Zustimmung gar nicht durchführen konnte (mit Ebert im Hintergrund) und auch meine Offiziere schützen musste, ist klar. Aber nur ganz wenige Menschen haben begriffen, warum ich nie vernommen oder unter Anklage gestellt worden bin, und warum die kriegsge-

richtliche Verhandlung so verlaufen ist, Vogel aus dem Gefängnis befreit wurde usw. Als Kavalier habe ich das Verhalten der damaligen SPD damit quittiert, dass ich 50 Jahre lang das Maul gehalten habe über unsere Zusammenarbeit. […] Wenn es nicht möglich ist, an der Wahrheit vorbeizukommen und mir der Papierkragen platzt, werde ich die Wahrheit sagen, was ich auch im Interesse der SPD gern vermeiden möchte. (zit. nach Gietinger 2008, 394)

8 Berlin Tiergarten: Die Schändung des Leichnams Luxemburgs durch ihre Mörder

Im Hotel Eden waren Luxemburg und Liebknecht mit Gewehrkolben schwer misshandelt worden. Unter dem Vorwand, sie ins Moabiter Polizeigefängnis zu verbringen, wurde Rosa Luxemburg dann aus dem Hotel geschleppt und ermordet. Ihr Leichnam wurde an der Liechtensteinbrücke in den Landwehrkanal in Berlin Tiergarten geworfen und erst Monate später aufgefunden. Der eine Steg der Brücke ist heute nach Rosa Luxemburg benannt, und am Katharina-Heinroth-Ufer erinnert

• Skulptur aus Gusseisen am Katharina-Heinroth-Ufer

eine Skulptur aus Gusseisen an das Geschehen. An der Cornelius-Brücke am Landwehrkanal erinnert seit 1971 eine Gedenktafel ebenfalls an Luxemburg und Liebknecht.

9 Die letzte Ruhestätte

Bereits am 25. Januar wurde Karl Liebknecht zusammen mit 31 im Zuge des Januar-Aufstands getöteten Spartakisten auf dem Zentralfriedhof Friedrichsfelde beigesetzt. Für Rosa Luxemburg hatte man, da ihr Leichnam noch verschollen war, einen leeren Sarg vorgesehen. Der Friedhof – damals noch außerhalb der Stadt Berlin – war Ende des 19. Jahrhunderts als Armenfriedhof gegründet worden, wurde aber bald zur Ruhestätte prominenter Sozialdemokraten, so beispielsweise Wilhelm Liebknechts, des Vaters von Karl und eines der Gründer der Sozialdemokratie. Den Spartakisten allerdings wurde vom Magistrat die sogenannte »Verbrecherecke« zugewiesen, die allerdings bald zur Pilgerstätte der Arbeiterbewegung werden sollte. Obwohl Gustav Noske den »Reklamezug« verboten hatte, fand Luxemburgs Beerdigung unter großer Anteilnahme der Bevölkerung statt. 1926 wurde auf Initiative von Wilhelm Pieck das »Denkmal

• Gedenktafel an der Cornelius-Brücke am Landwehrkanal

für die toten Helden der Revolution« errichtet. Im Jahr 1935 machten es die Nazis dem Erdboden gleich. Die sterblichen Überreste von Liebknecht und Luxemburg gelten seither als verschollen. Bis heute finden um den 15. Januar, dem Tag der Ermordung Liebknechts und Luxemburgs, Gedenkfeiern am »Denkmal der Sozialisten« statt. Seit dem Ende der DDR, die die Erinnerung an die beiden Revolutionäre natürlich für ihr eigenes Regime instrumentalisierte, ist dieses jährliche Gedenken ein wichtiger Erinnerungsmoment für ein breites,

• »Denkmal der Sozialisten«, Friedhof Friedrichsfelde

auch unorthodoxes linkes Spektrum, das sich dem humanistischen Erbe der beiden verbunden fühlt.

⑩ Das »Denkmal« auf dem Rosa-Luxemburg-Platz

In unmittelbarer Nähe der Volksbühne hat man Luxemburg ein Denkmal ganz eigener Art gesetzt: In den Boden eingelassen sind Betonstreben, die insgesamt sechzig pointierte Aussagen aus Luxemburgs Werk wiedergeben. Mehr als jedes Denkmal im konventionellen Sinne ist diese künstlerische Umsetzung geeignet, zum »Denkmal« im eigentlichen Sinne, zum Denkanstoß zu werden und so das Erbe Luxemburgs als »gefährliche Erinnerung« wachzuhalten. Der Betrachter ist zudem dazu veranlasst, seinen Blick zu Boden zu richten, sich quasi zu verneigen vor der Toten, was man durchaus als Geste der Verehrung für die Märtyrerin der Menschlichkeit auffassen darf.

• Denkmal von Hans Haacke, bestehend aus 60 in den Boden eingelassenen Betonbalken mit Luxemburg-Zitaten

Personenregister

L

M

N

P

Literaturverzeichnis

1. Schriften von Rosa Luxemburg

Luxemburg, Rosa, Gesammelte Briefe. Hg. von Annelies Laschitza, Bde. 1–6, Berlin 1982–1993 (zitiert als GB mit Band- und Seitenzahl)

Luxemburg, Rosa, Gesammelte Werke. Hg. von Eckhard Müller und Annelies Laschitza, Bde. 1–7, Berlin 1970–2017 (zitiert als GW mit Band- und Seitenzahl)

Luxemburg, Rosa, Mensch sein ist vor allem die Hauptsache. Gedanken einer Revolutionärin. Hg. von Bruno Kern, Wiesbaden 2018

2. Biografien

Abraham, Richard, Rosa Luxemburg. A Life for the International, Oxford 1989

Ettinger, Elżbieta, Rosa Luxemburg, Bonn 1990

Frölich, Paul, Rosa Luxemburg. Gedanke und Tat, Berlin 1990

Hirsch, Helmut, Rosa Luxemburg in Selbstzeugnissen und Bilddokumenten (rowohlts monographien), Reinbek 1969

Laschitza, Annelies, Im Lebensrausch trotz alledem. Rosa Luxemburg. Eine Biographie, Berlin 1996

Nettl, Peter, Rosa Luxemburg, Köln 1967

Piper, Ernst, Rosa Luxemburg. Ein Leben, München ^{2}2019

3. Weitere Sekundärliteratur zu Luxemburg

Basso, Lelio, Rosa Luxemburg. A Reapraisal, New York 1975

Grebing, Helga, Rosa Luxemburg, in: Euchner, Walter (Hg.), Klassiker des Sozialismus, Bd. II, München 1991, 58–71

Jens, Walter, Die Friedensfrau, Leipzig 1989

Kolakowski, Leszek, Rosa Luxemburg und die revolutionäre Linke, in: ders., Die Hauptströmungen des Marxismus. Entstehung – Entwicklung – Zerfall, Bd. 2, München 1978, 77–115

4. Weitere Literatur

Ebert, Theodor, Soziale Verteidigung, 2 Bde., Waldkirch 1981

Engels, Friedrich, Im Widerspruch denken. Ansichten eines smarten Revolutionärs, Wiesbaden 2020

Gietinger, Klaus, Der Konterrevolutionär. Waldemar Pabst – eine deutsche Karriere, Hamburg 2008

Honneth, Axel, Die Idee des Sozialismus. Versuch einer Aktualisierung, Frankfurt a. M. 2015

Kern, Bruno, Die bedeutendsten Grabreden, Wiesbaden 2010

Kern, Bruno, Das Märchen vom grünen Wachstum. Plädoyer für eine solidarische und nachhaltige Gesellschaft, Zürich ^{2}2019

Kern, Bruno, Theologie der Befreiung, Tübingen 2013

Kurz, Robert, Schwarzbuch Kapitalismus. Ein Abgesang auf die Marktwirtschaft, Frankfurt a. M. 1999

Le Bon, Gustave, Psychologie der Massen, Hamburg 2018

Marx, Karl, Texte – Schriften. Ausgewählt, eingeleitet und kommentiert von Bruno Kern, Wiesbaden 2015 (Zit. als TS mit entsprechender Seitenzahl)

Marx, Karl / Engels, Friedrich, Werke (hrsg. vom Institut für Marxismus-Leninismus beim ZK der SED, Bde. 1–43), Berlin 1956 ff (zitiert als »MEW« mit entsprechender Band- und Seitenzahl)

Mehring, Franz, Karl Marx. Geschichte seines Lebens, Essen 2001

Meyer, Conrad Ferdinand, Huttens letzte Tage, Leipzig 2010

Zumach, Andreas, Die kommenden Kriege. Ressourcen, Menschenrechte, Machtgewinn – Präventivkrieg als Dauerzustand?, Köln ^{2}2005

Bildnachweis

Cover: akg-images / Sputnik, Umschlag Innenklappe, S. 40, 45, 78, 85, 116: akg-images, S. 24: akg-images / Sputnik, S. 26: Bundesarchiv, Bild Y 10-RL3-23322, S. 30: Bundesarchiv, Bild Y 10-RL4-2118-79, S. 33: Bundesarchiv, Bild 183-H29974, S. 50: Bundesarchiv, Bild Y 10-RL2-750-71, S. 60: Bundesarchiv, Bild Y 10-RL2-651-89, S. 61: akg-images / Universal Images Group / Tass, S. 64: Bundesarchiv, Bild Y 10-RL4-1178-68, S. 66: Bundesarchiv, BildY 10-RL4-2146, S. 71: BildY 10-RL2-2818, S. 83: Bundesarchiv, Bild Y 10-RL4-1209, S. 92: Rosa Luxemburg, Herbarium. Karl Dietz Verlag, 2016, S. 95: Bundesarchiv, BildY 10-RL5-13437, S. 97; Bundesarchiv, BildY 10-RL5-13439, S. 105: Bundesarchiv, BildY 10-231-886-81, S. 111: akg-images / Imagno / k. A., S. 124, 128, 132: OTFW, S. 126: Bundesarchiv, BildY 10-RL5-453-85, S. 127: akg-images / TT News Agency / SVT, S. 129: Holger Hübner, S. 130 o.: akg-images / Urs Schweitzer, S. 130 u.: akg-images / Thomas Bartilla, S. 131: Bundesarchiv, Bild 183-R98038, S. 133: gedenktafeln-in-berlin.de, S. 134: akg-images / Jürgen Raible, S. 135: BildY 10-RL7-2-18, S. 136 o.: Bundesarchiv, Bild 183-1982-0126-301, S. 136 u.: akg-images / Heinz Krimmer, S. 137: wikimedia commons, https://commons.wikimedia.org/wiki/File:Element_des_Rosa-Luxemburg-Denkmals_.jpg (Anschnitt)

Autor und Verlag haben sich bis Produktionsschluss intensiv bemüht, alle weiteren Inhaber von Abbildungsrechten ausfindig zu machen. Personen und Institutionen, die möglicherweise nicht erreicht wurden und Rechte verwendeter Abbildungen beanspruchen, werden gebeten, sich nachträglich mit dem Verlag in Verbindung zu setzen.

Impressum

Bruno Kern
ROSA LUXEMBURG
Ein Leben wider die Barbarei

ISBN: 978-3-7374-0284-2

www.verlagshaus-roemerweg.de

Cover, Layout & Satz: Anja Carrà, Weimar
Lektorat: Anna Schloss, Wiesbaden
Gesamtherstellung: CPI books GmbH, Leck – Germany

Mehr über Ideen, Autoren und Programm des Verlags finden Sie auf www.verlagshaus-roemerweg.de und in Ihrer Buchhandlung.